Rathjen · Freibezug

Friedhelm Rathjen

Freibezug

Arno Schmidt als Rowohlt-Leser 1947-55

EDITION ReJOYCE

2024

rejoyce pocket
rjp 16

Bibliografische Information der Deutschen Bibliothek:

Die Deutsche Bibliothek verzeichnet diese Publikation in der Deutschen Nationalbibliografie; detaillierte bibliografische Daten sind im Internet über <www.dnb.de> abrufbar.

EDITION ReJOYCE Südwesthörn 2024
rejoyce@gmx.de
Satz, Titelfoto und Umschlaggestaltung: Friedhelm Rathjen
Herstellung: Books on Demand GmbH, Norderstedt
ISBN 978-3-947261-49-9

Inhalt

Arno Schmidt als Rowohlt-Leser

Von 1948 bis 1955 war Arno Schmidt Autor und Übersetzer des Rowohlt-Verlags. Glücklich hat er sich als solcher selten gefühlt. Schon bevor er – am 16. September 1948 – den Verlagsvertrag über seinen Erstling *Leviathan* unterzeichnet, spielt er mit dem Gedanken, dem Hause Rowohlt die (eigentlich noch gar nicht begonnene) Zusammenarbeit aufzukündigen.[1] Zu Schmidts Verdruß verzögert sich die Produktion des Buches; erst im September 1949 kann es ausgeliefert werden. Da hat Schmidt schon sein zweites Buch weitgehend fertig, nämlich die *Wundertüte*, doch bei einem Besuch im Hamburger Verlagssitz am 7. und 8. September 1949 muß er sich sagen lassen, daß Rowohlt bis auf weiteres kein Geld für den Druck habe; Schmidt erhält zum Trost immerhin monatliche Vorschußzahlungen auf das Buch.[2] Am 24. Oktober 1950 ist er wieder in Hamburg und verhandelt über die *Wundertüte*; beschlossen wird, daß Rowohlt-Lektor Weyrauch

---

1 Vgl. Susanne Fischer, „‚Übers Jahr um die Zeit sind wir blank!‘ Die Tagebücher der Alice Schmidt“, in Guido Erol Öztanil (Hg.), *Zettelkasten 24. Aufsätze und Arbeiten zum Werk Arno Schmidts. Jahrbuch der Gesellschaft der Arno-Schmidt-Leser 2005* (Wiesenbach: Bangert & Metzler 2005), S. 31-48, hier S. 37. Als am 16. September 1948 der erhoffte Vertrag von Rowohlt nicht in der Post ist, gerät einer tagebuchähnlichen Aufzeichnung seiner Frau zufolge „A dadurch in übelste Laune, fluchte + beschuldigte mich wiederum daß ich schuld wäre, weil ich ihn verhindert habe mit Rowohlt zu brechen.“ Am Folgetag trifft der Vertrag dann aber doch ein; Arno Schmidt unterzeichnet ihn, und seine Frau eröffnet auf sein Geheiß ihr Tagebuch (vgl. ebd., S. 33).

2 Vgl. Bernd Rauschenbach, „Nachwort“, in *Arno Schmidts Wundertüte. Eine Sammlung fiktiver Briefe aus den Jahren 1948/49*, hg. v. Bernd Rauschenbach (Zürich: Haffmans 1989), S. 213-222, hier S. 216.

das nach Einschätzung des Verlags zu lange Skript bearbeiten und kürzen soll.[3] Am Ende wird das Projekt der *Wundertüte* dann aber fallengelassen; statt dessen erscheint im Oktober 1951 als Schmidts zweites Buch der Band *Brand's Haide*, der außer der Titelerzählung auch „Schwarze Spiegel“ enthält.

Einige Monate zuvor hat Schmidt seiner Frau als Geburtstagsgeschenk einen Sonettenkranz geschrieben, in dem er seine Sicht des Verlagsgebarens recht drastisch zum Ausdruck bringt:

> Contracte in den glatten Heuchelhänden
> der feisten Schurken vom Rowohlt Verlage,
> sie wurden uns schon oft zur grimmen Plage. –
> Wenn wir nur einmal Mäzenaten fänden![4]

Die Publikation von *Brand's Haide* kann Schmidts Verdruß auf Dauer nicht besänftigen. Zwar bringt Rowohlt im August 1953 auch noch den Roman *Aus dem Leben eines Fauns*, doch legt man Schmidt verlagsseits nahe, er möge seinen Stil endlich ändern, und mehrere andere Texte, die Schmidt zwischenzeitlich geschrieben hat (darunter „Massenbach“ und *Die Umsiedler*), werden von Rowohlt rundweg abgelehnt. In einem Brief an den neugewonnenen Förderer Alfred Andersch, von dem er sich die Vermittlung eines neuen und ‚besseren‘ Verlags erhofft, spricht Schmidt am 13. November 1953 von „Rowohlt, dem

---

3 Vgl. ebd., S. 217. Als Quelle zu den Umständen der Gespräche vgl. außerdem Alice Schmidt, „Schlemmen mit Rowohlt. Tagebuchaufzeichnung vom 24. 10. 1950“, in Vincent Klink, Stephan Opitz (Hg.), *Die Rübe. Magazin für kulinarische Literatur*, Nr. 1 (Zürich: Haffmans 1988), S. 118-123.

4 Arno Schmidt, „Lillis Sonettenkranz“, in Bargfelder Ausgabe, Bd. I/4 (Zürich: Haffmans 1988), S. 161-167, hier S. 162.

Groben, Verständnislosen“[5]. Mehr als ein Jahrzehnt später – in seiner Rezension der bei Rowohlt erschienenen Karl-May-Monographie Hans Wollschlägers – läßt Schmidt auch öffentlich vernehmen, was er von der Art und Weise hält, wie der Verlag ihn selbst seinerzeit behandelt hat:

> Nicht daß ich Rowohlt überschätzte – dazu hat ‹Väterchen› es mir um 1 Mal zu oft zugeschnarrt, ‹er verstünde nichts von Literatur›, (und damit übertrieb der Herr nicht) – aber eines hatte er eben doch: den ‹dash›, den Mut zu folgenreichen Kurzentschlüssen. So wird er in der Geschichte des deutschen Verlegertums das seltsame Schauspiel des Mannes bieten, bei dem die apartesten ‹Erstlinge› erschienen; dem es dann aber an der Geduld, der Ausdauer (wie man's nun nennen will) gebrach, die anschließenden 10 Durststreckenjahre seiner ‹Jungen Männer› zu warten.[6]

Unübersehbar spricht Schmidt hier von seinem eigenen Erstling und beklagt, Rowohlt habe nicht die Ausdauer gehabt, Schmidt die Stange zu halten. Was aber hatte Schmidt sich erwartet? Erwartet hatte er sich sicherlich, daß alles, was er schrieb, von Rowohlt gedruckt wurde, und das wurde es eben nicht; gewünscht hatte er sich vielleicht, daß Rowohlt ihn in der Verlagswerbung stärker herausstellte (tatsächlich sind es ganz andere Autoren, die auf den Werbeseiten am Ende jedes Rowohlt-Buches jahrelang beworben werden – Schmidt-Bücher sind kaum

---

5 Arno Schmidt, *Der Briefwechsel mit Alfred Andersch. Mit einigen Briefen von und an Gisela Andersch, Hans Magnus Enzensberger, Helmut Heißenbüttel und Alice Schmidt*, hg. v. Bernd Rauschenbach (Zürich: Haffmans 1985), S. 19 (Nr. 14 v. 13.11. 53).

6 Arno Schmidt, „Ein Toast für Nummer 104! Rowohlt's ‹Bild=Monos› starten die biographische Forschung um KARL MAY“, in Bargfelder Ausgabe, Bd. III/4 (Zürich: Haffmans 1995), S. 401-407, hier S. 402 f.

je dabei); erhofft hatte er sich womöglich, daß Rowohlt ihn in die auflagenstarke rororo-Taschenbuchreihe übernehmen würde, doch dort erschien von Schmidt außer Übersetzungen nie etwas.

Die zitierte Passage aus der Wollschläger-Rezension zeigt aber auch, daß Schmidt die Verdienste des Rowohlt-Verlags sehr wohl zu schätzen wußte. Der Verlag, der 1908 von Ernst Rowohlt als Nebenerwerbsbetrieb gegründet wurde, war schon vor 1933 zu einem der wichtigsten deutschen Verlagshäuser geworden, in dem viele namhafte deutsche Autoren und dazu die Stars der amerikanischen Gegenwartsliteratur erschienen; durch geschicktes Lavieren konnte Rowohlt auch unter den Nazis erstaunlich lange (nämlich bis 1943) weiterproduzieren. Der eigentliche Höhenflug kam aber nach dem Krieg, wobei es sich als vorteilhaft erwies, daß man früher als die Konkurrenz wieder auf dem Markt erschien. Am 9. November 1945 wurde der Rowohlt-Verlag in Stuttgart mit einer Lizenz der amerikanischen Besatzungszone von Heinrich Maria Ledig (der erst sehr viel später öffentlich als Sohn Ernst Rowohlts auftreten durfte) neugegründet; gleichzeitig bekam eine Zweigstelle unter der Leitung von Kurt Kusenberg in Baden-Baden eine französische Lizenz. Ernst Rowohlt selbst eröffnete mit einer englischen Lizenz am 3. Mai 1946 in Hamburg zusammen mit der Lektorin Gerda Cohnitz[7] einen dritten Verlagsstandort;

---

[7] Später: Gerda Berger. Sie schrieb enthusiastische Gutachten zu Schmidts Erzählungen „Leviathan“ und „Enthymesis“ und war damit maßgeblich verantwortlich dafür, daß Schmidt Rowohlt-Autor wurde. Vgl. Gerda Berger, „Enthymesis. Lektoratsgutachten“, in Jan Philipp Reemtsma und Bernd Rauschenbach (Hg.), *Der Rabe. Magazin für jede Art von Literatur*, Nr. 12 (Zürich: Haffmans 1985), S. 164-169 (datiert: 18.3.48). Schmidt bedankte sich auf seine Weise, nämlich durch eine namentliche Erwähnung in seinem zweiten Buch. Vgl. Arno Schmidt, *Brand's Haide*, in Barg-

hinzu kam 1947 mit russischer Lizenz eine weitere Zweigstelle im Ostteil Berlins, die von Mary Tucholsky mit Wolfgang Weyrauch als Lektor geführt wurde.[8] 1950 wurden die einzelnen Verlagsteile in Hamburg (wo seit dem Vorjahr Kurt W. Marek als Lektor arbeitete) zusammengezogen; zu dieser Zeit litt er stark unter einer Finanzkrise, zu deren Überwindung der von Marek unter dem Pseudonym C. W. Ceram im November 1949 veröffentlichte Sachbuchbestseller *Götter Gräber und Gelehrte* sowie die im Juni 1950 startende erste deutsche Taschenbuchreihe rororo (die im juristisch eigenständigen „Rowohlt Taschenbuch Verlag“ erschien) maßgeblich beitrugen.

Arno Schmidt beurteilte den Ceram-Reißer recht verächtlich, zumal er sich schmerzlich an eine Gelegenheit erinnerte, bei der der Verleger „drohend Cerams »Götter, Gräber usw« schwenkte und mir mitleidig riet: »Hier: so was müssen Se ma schreim!«“[9] Dennoch war auch Schmidt indirekt Nutznießer von Ruf und wirtschaftlichem Erfolg des Verlags, und zwar in mehrerlei Hinsicht. Anfang 1951 erhielt er (zusammen mit Werner Helwig, Hans Hennecke, Oda Schaefer und Heinrich Schirmbeck) anteilig den Großen Literaturpreis der Akademie der Wissenschaften und Literatur in Mainz, und zwar aufgrund des Votums von Ernst Kreuder, der in der Jury den Ton angab; Kreuder aber war ein langjähriger Kumpel von

---

felder Ausgabe, Bd. I/1 (Zürich: Haffmans 1987), S. 115-198, hier S. 160: „das wär was für Bergers gewesen!“

[8] Vgl. Kurt Pinthus, „Ernst Rowohlt und sein Verlag“, in Maria Hintermeier und Fritz J. Raddatz (Hg.), *Rowohlt Almanach 1908-1962*. Mit einem Vorwort von Kurt Pinthus und der vollständigen Bibliographie von 1908-1961 (Reinbek: Rowohlt 1962), S. 9-40, hier S. 34.

[9] Schmidt, *Der Briefwechsel mit Alfred Andersch*, a.a.O., S. 47 (Nr. 43 v. Februar 1955).

Heinrich Maria Ledig und aktueller Rowohlt-Autor – wer weiß, nach welchen Kriterien Literaturpreise vergeben werden, kann sich zumindest vorstellen, daß Schmidts Chancen durch seine Verlagsbindung tendenziell erhöht wurden (zumal ohne ihn gar kein Rowohlt-Autor unter den Preisträgern gewesen wäre). Ebenfalls Anfang 1951 begann Arno Schmidt seine Tätigkeit als Gelegenheitsübersetzer „für die billige Reihe“[10], also die rororo-Taschenbücher – eine Tätigkeit, die von beiden Seiten ausschließlich dazu gedacht war, Schmidts desolate Finanzlage aufzubessern und dadurch Freiraum für weitere eigene Arbeiten zu schaffen, weswegen Harry Rowohlts Kritik an der Qualität dieser Übersetzungen („so schlunzt er sich von Satz zu Satz“[11]), so berechtigt sie inhaltlich auch ist, an Sinn und Zweck der Schmidtschen Arbeit vorbeigeht; hätte Schmidt so sorgfältig gearbeitet, wie Harry Rowohlt dies verlangt, so hätte er viel zuviel Zeit für diese eher mager bezahlten Brotarbeiten opfern müssen, und zudem gilt selbst heute noch auch in großen deutschen Verlagen die Devise, daß die Übersetzungsqualität bei reiner Unterhaltungsliteratur völlig irrelevant

---

[10] Arno Schmidt, Brief an Johannes Schmidt v. 29.10.51, in *Bargfelder Bote*, Lfg. 200 / 16. Juni 1995, S. 5.

[11] Harry Rowohlt, „Evan Hunter. Aber wehe dem einzelnen“, in Gerd Haffmans (Hg.), *Der Rabe. Magazin für jede Art von Literatur*, Nr. 19 (Zürich: Haffmans 1988), S. 179. – Es ist nicht ganz ohne Ironie, daß die Anwürfe ausgerechnet von Harry Rowohlt kommen, der noch lange nach Arno Schmidts Abgang aus dem Rowohlt-Verlag dafür vorgesehen war, diesen Verlag später einmal zu führen. Vgl. Ernst Rowohlt, zitiert nach Pinthus, *Ernst Rowohlt und sein Verlag*, a.a.O., S. 40: „Habe ich das nicht schlau gemacht? Jetzt, wo ich nicht mehr so recht kann, führt mein Ältester tüchtig den Verlag weiter, und wenn der nicht mehr jung ist, rückt mein Jüngster, Harry, ein. So bleibt alles in der Familie, und für den Fortbestand des Verlages ist gesorgt.“

sei und die typischen Leser solcher Bücher selbst eine extrem lausige Übersetzung nicht im geringsten störe[12].

Die rororo-Taschenbücher gaben sich (ebenso wie die Nachmacherprodukte anderer Verlage) schon allein durch ihr Äußeres als „billige Reihe“ zu erkennen; Arno Schmidt wußte nur zu gut, „was die Umschläge von Ro-ro-ro, Fischer oder Goldmann für Edelkitsch sind!“[13] So deutlich sagt er das natürlich nicht öffentlich, schon gar nicht in der Zeit, als er selbst noch Rowohlt-Autor ist; wenn er allerdings die Hemingway-, Wolfe- und Faulkner-Leserin Lisa in „Schwarze Spiegel“ „mit den plakatischen Umschlägen“[14] winken läßt, so bezieht sich dies unübersehbar auf die Cover der rororo-Reihe, in der zur Zeit der „Schwarze-Spiegel“-Niederschrift bereits je ein Hemingway- und ein Faulkner-Titel erschienen war.[15] All die „farbenfreudigen Umschläge“[16] der rororo-Bände aus den 50er Jahren stammten von Karl Gröning jr. und Gisela Pferdmenges; der zweiten Hälfte dieses Duos hat Schmidt nach seinem Ausscheiden aus dem Verlag auf seine Weise ein Denkmal gesetzt, nämlich in der *Gelehrtenrepublik*, in der er ihrem Namen amerikanisiert in Gestalt des „Zeitungs-

---

12 Am Beispiel von Rosamunde-Pilcher-Übersetzungen erläutert von Katharina Raabe (Suhrkamp-Verlag) in ihrem Referat „Übersetzungen im Verlag“ auf der Tagung „Slavistik in der Praxis I: Literarisches Übersetzen“, Tübingen, 24. November 2005.

13 Schmidt, *Der Briefwechsel mit Alfred Andersch*, a.a.O., S. 180 (Nr. 196 v. 16.7.58).

14 Arno Schmidt, „Schwarze Spiegel“, in Bargfelder Ausgabe, Bd. I/1, a.a.O., S. 199-260, hier S. 251.

15 Vgl. Uwe Schwagmeier, „‚Ausgerechnet Willjämm Forkner‘. Betrachtungen über zwei ‚Provinzschriftsteller‘“, in Jörg Drews / Doris Plöschberger (Hg.), *Starker Toback, voller Glockenklang. Zehn Studien zum Werk Arno Schmidts* (Bielefeld: Aisthesis 2001), S. 107-119, hier S. 112.

16 „Hundert Bände“, in *Was sie schreiben. Wie sie aussehen* (Hamburg: Rowohlt Taschenbuch 1954), unpaginiert.

königs Horsemixer“[17] einen kleinen Auftritt gönnt. Überhaupt scheint Schmidt seine leidigen Erfahrungen mit dem Hause Rowohlt gern literarisch verarbeitet zu haben. Günter Jürgensmeier zumindest hat die These aufgestellt, daß der so bedächtige „Erste Schiffer“, der dem Möchtegernlyriker Georg Düsterhenn in Schmidts „Caliban über Setebos“ begegnet („Allerdings auf dem Festen Lande; ich ließ ihm überflüssig Zeit, zu vollenden. [...] Jener stampfte den Grund in dem flachen Graben, den er auszuheben schien“[18]), auf den im Umgang mit Schmidt so zögerlichen Rowohlt-Verlag und speziell auf die bedenkentragenden Lektoren Marek und Weyrauch anspiele.[19] Von solchen Anspielungen läßt Schmidt den Seniorverleger Ernst Rowohlt keineswegs ungeschoren.

---

[17] Arno Schmidt, *Die Gelehrtenrepublik. Kurzroman aus den Roßbreiten*, in Bargfelder Ausgabe, Bd. I/2 (Zürich: Haffmans 1986), S. 221-349, hier S. 291.

[18] Arno Schmidt, „Caliban über Setebos“, in Bargfelder Ausgabe, Bd. I/3 (Zürich: Haffmans 1987), S. 475-538, hier S. 480.

[19] Vgl. Günter Jürgensmeier, „Huhs=Huh in Dschinnistan (1)“, Email an die „Arno Schmidt Mailing List“, 15.3.04: „Wieso stampft der den Grund fest, wo er beim Ausheben doch eigentlich Erde herausbuddeln sollte? Die Ersten, die Schmidts Werk zu beurteilen hatten, waren die ‚Steuermänner‘ im Rowohlt-Verlag, erst Kurt Marek (C.W. Ceram) und später Wolfgang Weyrauch. Beide waren auch Autoren. Marek schrieb ‚archäologische Romane‘, bei denen es ja bekanntlich viel um ‚Ausgrabungen‘ und ‚Erdbewegungen‘ geht; Weyrauch hatte einen Gedichtband geschrieben, der ‚Auf der bewegten Erde‘ hieß. [...] Wieso diese ‚Ersten Schiffer‘ so langsam sind, kann man in Bernd Rauschenbachs Nachwort zur ‚Wundertüte‘ (215 f.) und in Alice Schmidts Tagebucheintrag vom 24.10.50, ‚Schlemmen mit Rowohlt‘ in ‚Die Rübe 1‘, nachlesen. Marek hatte Schmidt 1 1/2 Jahre auf einen Bescheid zum Leviathan warten lassen. Weyrauch ließ sich sehr viel Zeit damit, mit der Ablehnung von ‚Brand's Haide‘ herauszurücken. Die Schmidts mußten das Lektoratsurteil erst selbst an sich bringen.“ – Primär spielt Schmidt hier zweifellos auf Salomon Gessners episches Schäfergedicht *Der erste Schiffer* an (freundlicher Hinweis von Günther Flemming).

Wenn Lisa in „Schwarze Spiegel" „den Marsch der finnländischen Reiterei" pfeift und den Erzähler im nächsten Moment auffordert, doch auch ans Publikum zu denken („Also niemals für Leser, wie? Nie irgendeine propagandistische oder ‹sittliche› Aufgabe gefühlt?"[20]), so wird dies erst vor dem Hintergrund der Tatsache verständlich, daß der „finnische Reitermarsch" die „Lieblingsmusik" von Ernst Rowohlt war[21].

Daß Schmidt solche Sticheleien gegen Rowohlt auch in jene Texte einbaut, die er für den Rowohlt-Verlag schreibt, ist keineswegs untypisch, sondern eher schon die Regel; zumeist richten sich die Sticheleien allerdings nicht gegen das Personal, sondern gegen die Verlagsproduktion des Hauses. Schon im Frühjahr 1949 – der Vertrag über den *Leviathan* ist vor einem halben Jahr geschlossen, das Buch aber noch nicht in Sicht – schüttet Schmidt in einem der für die *Wundertüte* gedachten Texte Hohn und Spott über das Rowohlt-Programm aus; zwar sei kein Verleger bereit, Fouqués *Alethes* nachzudrucken: „Aber Hjalmar Schachts Erinnerungen, Leo Slezak: dafür gibt's Papier genug!"[22] Sowohl Hjalmar Schachts Rechtfertigungsschrift *Abrechnung mit Hitler* als auch eine Neuauflage von Leo Slezaks Erinnerungen erscheinen zu dieser Zeit bei Rowohlt. Anwürfe gegen das Haus freilich sind nicht

---

20 Schmidt, „Schwarze Spiegel", a.a.O., S. 258. – Vgl. auch Arno Schmidt, *Abend mit Goldrand. eine MärchenPosse. 55 Bilder aus der Lä/Endlichkeit für Gönner der VerschreibKunst*, Bargfelder Ausgabe, Bd. IV/3 (Zürich: Haffmans 1993), S. 155: „Mir hat mal 'n Kollege gestandn, daß er eine seltsame Vorliebe für den ›Marsch der Finnländischn Reiterei‹ empfände".

21 Pinthus, „Ernst Rowohlt und sein Verlag", a.a.O., S. 40.

22 Arno Schmidt, „Herrn Dr. Walter Ziesemer", in Bargfelder Ausgabe, Bd. III/3 (Zürich: Haffmans 1995), S. 72-87, hier S. 82. – „Leo Slezak" ist eine nachträgliche Textänderung; zunächst schrieb Schmidt: „Sartre, Thomas Mann" (Mitteilung im Varianten-Apparat ebd., S. 509).

jeden Verlegers Sache; Alice Schmidt notiert in ihrem Tagebuch einige Reaktionen: „Ledig gefielen die Anspielungen auf den Verlag nicht. Marek: ‚ach, warum nicht.‘ Ledig: ‚Du willst bloß gerne drinn [sic] vorkommen, gelt?‘“[23] Da es Probleme gibt, die *Wundertüte* publiziert zu bekommen, baut Schmidt einen (allerdings auf Verlegerschelte verzichtenden) Anwurf auf den „politischen Invertebraten [...] Hjalmar“[24] auch in den „Massenbach“ und – als dieser sich ebenfalls als unpublizierbar erweist – auch in *Brand's Haide*[25] ein. Fast muß man den Eindruck gewinnen, Schmidt wolle fortan unbedingt in jedem seiner Rowohlt-Bücher auch einige Rowohlt-Autoren (und damit natürlich die Verlagspolitik, von der Schmidt sich nicht hinreichend gewürdigt sieht) attakkieren; allerdings findet er dafür rasch bessere Ziele als den politischen Wendehals Hjalmar Schacht. Schon im Oktober 1948 hat er in seinem fragmentgebliebenen Text „Brüssel“ den britischen Romancier W. Somerset Maugham demontiert, indem er ihn mit dem übermächtigen Edgar Allan Poe („Wo aber Kraken auftauchen, verraten sie Tiefsee“[26]) kontrastiert; möglicherweise spielt er mit dem Gedanken, diese Attacke in *Brand's Haide* zu wiederholen, doch genau zum rechten Zeitpunkt spielt ihm das Rowohlt-Programm ein besseres Angriffsziel in die Hände. Im August 1950, als Schmidt seinen Kurzroman fast beendet hat, erscheint in der rororo-Reihe Knut Hamsuns Roman *Mysterien*, und folglich wird die Somerset-Maugham-Attacke neugefaßt, und zwar so,

---

23 Alice Schmidt, „Schlemmen mit Rowohlt“, a.a.O., S. 121.

24 Arno Schmidt, „Massenbach. Historische Revue“, in Bargfelder Ausgabe, Bd. II/1 (Zürich: Haffmans 1990), S. 7-104, hier S. 14.

25 Vgl. Schmidt, *Brand's Haide*, a.a.O., S. 139: „da hingen sie samt unsern politischen Invertebraten, Franz neben Hjalmar“.

26 Arno Schmidt, „Brüssel“, in *Fragmente. Prosa, Dialoge, Essays, Autobiografisches*. Bargfelder Ausgabe, Supplemente, Bd. 1 (Frankfurt a.M.: Suhrkamp 2003), S. 17-25, hier S. 22 f.

daß sie gleichzeitig eine Attacke auf Verlagsentscheidungen ist:

> Mit der Post wieder lange Bücherprospekte: drucken jetzt bloß 20–30 Jahre alte anerkannte Schlager. Manche davon leidlich [...]; meistens aber nur Zuhälter der Poesie. Hamsuns »Mysterien« eins der leidlichen; und ich erinnerte mich: hat aber, was man technisch »überentwickelte« Charaktere nennen könnte – nicht weil ihm etwa übermenschlich große Individualitäten gelängen, Gott bewahre! – aber zu lang ist das Alles: man weiß von den Personen nach 300 Seiten nicht mehr, als man schon nach 100 wußte; das nenne ich überentwickelt, oder einfacher gesprochen: zu viel planloses Gequätsch. Idji! (Ich lobe mir den Gordon Pym: wo solche Kraken auftauchen, ist Tiefsee; beim Nazi Hamsun nicht. [...])[27]

Dies ist ein recht unverhohlener Kommentar nicht nur zur Rowohlt-Programmgestaltung, sondern auch dazu, daß Rowohlt bei der Publikation von Schmidts Texten vorsichtiger agiert, als Schmidt das möchte. Anderswo in *Brand's Haide* findet sich dann auch noch ein rüder Seitenhieb auf „Sartres Gelumpe“[28]; Sartre ist zu dieser Zeit der Autor mit den meisten Neuerscheinungen im Rowohlt-Programm. Als Schmidt im Mai 1951 seinen nächsten Text – „Schwarze Spiegel“ – schreibt, setzt er diese zwar indirekte, aber zumindest im Verlag schwerlich zu überlesende Kommentierung des Verlagsprogramms fort, nämlich mit der bereits erwähnten Abkanzlung der von Lisa bevorzugten Bücher „mit den plakatischen Umschlägen“. In dieser Szene kritisiert Schmidts Erzähler in harschen Worten „Hemingway, sowohl Fiesta als auch

[27] Schmidt, *Brand's Haide*, a.a.O., S. 177.
[28] Ebd., S. 163.

Haben und Nichthaben. [...] Und Wolfe und Faulkner."[29] Ganz gewiß ist es kein Zufall, daß alle drei Autoren von Rowohlt mit großem Aufwand beworben und sehr erfolgreich verkauft werden; speziell bezieht sich Schmidt auf die Verlagswerbung für Faulkners Roman *Wendemarke* (im Februar 1951 als rororo-Band erschienen), derzufolge Faulkner „neben Ernest Hemingway und Thomas Wolfe in Deutschland der führende Repräsentant der neueren amerikanischen Literatur"[30] sei. Daß alle drei Autoren von der Rowohlt-Verlagswerbung in den Himmel gejubelt werden, mag für Schmidt (der sich solchen Einsatz gewiß für seine eigenen Bücher gewünscht hätte) schon hinreichender Anlaß gewesen sein, diese Autoren zu ignorieren, zumal sich der Verlag bei der Werbung für Hemingway (wie übrigens auch bei derjenigen für Galsworthy) einschlägiger Lobesworte des von Schmidt ungeliebten Thomas Mann bedient[31] (vielleicht stöhnt Lisa in „Schwarze Spiegel" deswegen bei der Hemingway-Lektüre: „Ja: das ist ein Mann"[32]). Folgerichtig findet sich in Arno Schmidts

---

[29] Schmidt, „Schwarze Spiegel", a.a.O., S., 251.

[30] William Faulkner, *Wendemarke,* Roman (Hamburg: Rowohlt Taschenbuch 1951), Rubrik „Zu diesem Buch" (vor der Paginierung). – Hinweis von Uwe Schwagmeier, „„Ausgerechnet Willjämm Forkner"", a.a.O., S. 111 f.

[31] Vgl. Thomas Mann, zitiert in der Verlagswerbung für Hemingways *In einem andern Land* im Anhang zu Ernest Hemingway, *Fiesta,* rororo 5 (Hamburg: Rowohlt Taschenbuch 1950), S. [165]: „Faszinierend von Anfang an durch seine diskrete Kühnheit und gegen das Ende hin immer erschütternder, ein Buch der großen Schlichtheit und Aufrichtigkeit, ein wahrhaft männliches Buch, ein Meisterwerk neuen Typs." Außerdem Thomas Mann, zitiert auf einer Werbeseite des Zsolnay-Verlags im Anhang zu John Galsworthy, *Ein Mädchen wartet,* rororo 27 (Hamburg: Rowohlt Taschenbuch 1951), S. [261]: „Ich werde die Bekanntschaft mit Galsworthy, dem dichterischen Historiker des englischen Bürgertums, immer als einen Gewinn ersten Ranges betrachten."

[32] Schmidt, „Schwarze Spiegel", a.a.O., S. 251.

Nachlaßbibliothek nichts von Hemingway und Wolfe; von Faulkner steht dort nur der sehr viel spätere (und nie bei Rowohlt erschienene) Band *New Orleans Sketches*[33], den Schmidt später übersetzt. In Schmidts letzter Veröffentlichung bei Rowohlt, dem um die Jahreswende 1952/53 geschriebenen Roman *Aus dem Leben eines Fauns*, setzt sich die Schelte des Rowohlt-Verlags fort, wenn auch etwas weniger pointiert. Schmidt kritisiert hier Balzac („Balzac, Balzac: kein Dichter; kein Verhältnis zur Natur [...] o mei!!: den einzigen ‹Anton Reiser› geb ich nicht für Balzac und Zola zusammen!“[34]), dessen riesige Werkausgabe seit 1952 bei Rowohlt nachgedruckt wird.

Lobende Worte über Kollegen, die bei Rowohlt erscheinen, sind hingegen in Schmidts Texten dieser Jahre Mangelware. Zwar wird in „Schwarze Spiegel“ der 1950 publizierte Roman *Nein – Die Welt der Angeklagten* von Walter Jens auf eine Weise erwähnt, die als kleine Hommage mißverstanden werden könnte („Sie las eins aus ihrem Rucksack: Jens, Angeklagte“[35]), doch ist es eben Lisa, die dieses Buch bevorzugt, und gerade Lisas Geschmack in literarischen Dingen ist es, der dann auf der folgenden Seite vom Erzähler anhand des Triumvirats Hemingway-Wolfe-Faulkner abgekanzelt wird. Nichtöffentlich drückt Schmidt später weniger verklausuliert aus, was er von „Jens mit seinem Mist“[36] hält, wobei

---

33 Vgl. Dieter Gätjens, *Die Bibliothek Arno Schmidts. Ein kommentiertes Verzeichnis seiner Bücher* (Zürich: Haffmans 1991), neue Ausgabe, durchgesehen und erweitert von Günter Jürgensmeier (Bargfeld: Arno Schmidt Stiftung 2003; im Internet: www.arno-schmidt-stiftung.de/Archiv/Bibliotheksverzeichnis.html), Nr. 527.

34 Arno Schmidt, *Aus dem Leben eines Fauns*, in Bargfelder Ausgabe, Bd. I/1, a.a.O., S. 299-390, hier S. 375 f.

35 Schmidt, „Schwarze Spiegel“, a.a.O., S. 250.

36 Alice Schmidt, *Tagebuch aus dem Jahr 1954*, hg. v. Susanne Fischer (Frankfurt a.M.: Suhrkamp 2004), S. 38 (22.2.54).

gewiß auch Neidgefühle im Spiel sind, denn Jens' *Nein*-Roman wurde schließlich in die lukrative rororo-Reihe aufgenommen, in die es Schmidts Bücher nicht schafften.

Wenn Arno Schmidt dennoch gelegentlich aus Loyalität darauf verzichtet, sein harsches Urteil über Kollegenprodukte öffentlich auszubreiten, so handelt es sich keineswegs um Loyalität gegenüber dem Verlag, sondern allenfalls um Loyalität gegenüber einzelnen Autoren, mit denen er persönlich bekannt ist. Die Bücher der Rowohlt-Lektoren Weyrauch und Kusenberg beurteilt Schmidt durchaus wohlwollend, und auch über Marek/Ceram äußert er sich nur privat und keineswegs in seinen Texten abfällig. Ein ähnlicher Fall mag auch das Verhältnis zu Ernst Kreuder sein, zu dessen Büchern Schmidt kein Urteil abgibt, solange beide Rowohlt-Verlagskollegen sind. Erst nachdem Kreuder sich wie Schmidt mit Rowohlt überwirft und seinen Roman *Agimos* in einem anderen Verlag unterbringt (was sich übrigens als Anfang vom Ende seiner so erfolgreich gestarteten Nachkriegskarriere herausstellt), vergißt Schmidt plötzlich alle Rücksichtnahme und zieht in der Rezension „Bedeutend; aber ...“ recht heftig gegen Kreuder vom Leder. Mit dem Rowohlt-Konnex hat das dann aber gerade nichts mehr zu tun.

Wenn Schmidt vom Programm des Rowohlt-Verlags durchweg eine schlechte Meinung hatte, so mag das paradoxerweise auch daran liegen, daß der Verlag ihn recht freigebig mit diesem Programm belieferte. Wer sich aus einem Verlagsprogramm gezielt die (naturgemäß wenigen) Perlen kauft oder schenken läßt, kann auf diese Weise mit den Jahren eine erlesene Bibliothek aufbauen; wer aber das komplette Programm eines Verlags bekommt, wird vor allem feststellen, wieviel Müll und Schrott in einem großen, auf den kommerziellen Erfolg zielenden Verlagsprogramm fast notgedrungen enthalten ist, und so gesehen können freigebige Gesten eines Verlags mitunter fatale Folgen haben. In diesem Sinne könnte Schmidts Hang zur Verlagsbeschimpfung partiell auch damit zu tun haben, daß er noch in einer dritten Hinsicht Nutznießer des Rowohlt-Erfolgs ist – Schmidt bekommt große Teile des Rowohlt-Programms kostenlos vom Verlag zugeschickt und kann dadurch sowohl seine Bibliotheksbestände als auch sein Barvermögen durchaus nennenswert aufstocken. Dies ist der Bereich, der im folgenden näher interessieren soll

Susanne Fischer erläutert auf der Grundlage ihrer Kenntnis der Tagebücher von Alice Schmidt, „daß Schmidt etwa ab dem Start der Taschenbuchreihe die gesamte Rowohltproduktion geliefert bekam, später wohl nur noch die Taschenbücher, bis zum ‚Bruch'. Allerdings wurden diese Bücher in der Regel weder gelesen noch aufbewahrt, sondern als Tauschware eingesetzt."[37] Tatsächlich steht von der „Rowohltproduktion" der betreffenden Zeit (der endgültige „Bruch" mit Rowohlt und die Einstellung der kostenlosen Belieferung erfolgen im Verlauf des Jahres 1955) nur noch ein geringer Teil in Arno Schmidts Nachlaßbibliothek[38] – es sind genau dreißig Bände, und zwar (in der Reihenfolge des mutmaßlichen Zugangs) diese:

---

[37] Susanne Fischer, Email an Friedhelm Rathjen v. 16.7.01. – Vgl. auch die Anmerkung der Herausgeberin in Alice Schmidt, *Tagebuch aus dem Jahr 1954*, a.a.O., S. 24: „Schmidt bekam je ein Exemplar der aktuellen Taschenbuchproduktion des Rowohlt-Verlags nach Erscheinen zugeschickt. Meist verkaufte er die Bücher an Antiquariate, einige Bände verschenkte er. In seine Bibliothek wurden nur wenige Bände aufgenommen."

[38] Alle Angaben zur Nachlaßbibliothek erfolgen unter Nennung der Ordnungskennzahl nach dem erweiterten Bibliotheksverzeichnis (BVZ): Gätjens / Jürgensmeier, *Die Bibliothek Arno Schmidts*, a.a.O.

- James Thurber: *Rette sich, wer kann!* (September 1948 erschienen; BVZ 598);
- Marcel Aymé: *Der Mann, der durch die Wand gehen konnte und andere Pariserische Scheherezaden* (1949 erschienen; BVZ 613);
- rororo 1: Hans Fallada: *Kleiner Mann – was nun?* (Mai oder Juni 1950 erschienen; BVZ 365.1);
- Wolfgang Weyrauch: *An die Wand geschrieben* (Oktober 1950 vom Autor erhalten; BVZ 472);
- Urban Roedl: *Matthias Claudius* (November 1950 erhalten; BVZ 159.2);
- rororo 22: H. G. Wells: *Die Zeitmaschine* (März 1951 erschienen; BVZ 603.4):
- rororo 25: Betty Mac Donald: *Das Ei und Ich* (März 1951 erschienen; BVZ 557);
- rororo 35: Heinrich Mann: *Der blaue Engel* (August 1951 erschienen; BVZ 418.2);
- Honoré de Balzac: *Junggesellenwirtschaft*; *Vetter Pons*; *Eugénie Grandet*; *Verlorene Illusionen*; *Tante Lisbeth*; *Glanz und Elend der Kurtisanen* (alle 1952 erschienen; BVZ 614.1-6);
- rororo 47: Martin Beheim-Schwarzbach: *Die diebischen Freuden des Herrn von Bißwange-Haschezeck* (Februar 1952 erschienen; BVZ 340);
- rororo 49: Anatole France: *Die Bratküche zur Königin Pedauque* (März 1952 erschienen; BVZ 628);
- rororo 55: Hans Fallada: *Wer einmal aus dem Blechnapf frißt* (Juni 1952 erschienen; BVZ 365.2);
- rororo 58: Gustave Flaubert: *Madame Bovary* (Juli 1952 erschienen; BVZ 627.2);
- rororo 63: Ludwig Thoma: *Die Lausbubengeschichten* (Oktober 1952 erschienen; BVZ 457);
- rororo 64: Robert Musil: *Drei Frauen* (Oktober 1952 erschienen; BVZ 426.1);

- rororo 67-68: Hans Fallada: *Wolf unter Wölfen* (November 1952 erschienen; BVZ 365.3);
- Karlludwig Opitz: *Der Barras* (1953 erschienen; BVZ 430);
- rororo 79: Ernst Kreuder: *Die Gesellschaft vom Dachboden* (April 1953 erschienen; BVZ 409.3);
- rororo 88: Erich Wildberger: *Ring über Ostkreuz* (Juli 1953 erschienen; BVZ 475);
- rororo 113: Kurt Kusenberg: *Mal was andres* (Juni 1954 erschienen; BVZ 411);
- Ernst Kreuder: *Herein ohne anzuklopfen* (September 1954 vom Autor erhalten; BVZ 409.5);
- rororo 123-124: John Galsworthy: *Die Forsyte Saga* (September 1954 erschienen; BVZ 530.1);
- rororo 128: Hans Henny Jahnn: *13 nicht geheure Geschichten* (November 1954 erschienen; BVZ 395.1);
- rororo 143: Colette: *Gigi und andere Erzählungen* (April 1955 erschienen; BVZ 619);
- rororo 165-166: John Galsworthy: *Moderne Komödie* (November 1955 erschienen; BVZ 530.2).

Es ist schwer zu klären, warum Schmidt ausgerechnet diese Bände behielt; ein halbwegs schlüssiges Muster ist hinter der Liste jedenfalls nicht zu erkennen. Von den etwa 140 rororo-Bänden, die Schmidt in der fraglichen Zeit bekommen haben muß, hat er achtzehn behalten, außerdem von den ihm übereigneten Hardbacks (die nicht einmal grob zu quantifizieren sind) zwölf Bände. Einige Autoren sind mehrfach vertreten: Balzac mit sechs Bänden der 46bändigen Werkausgabe (aus der im hier interessierenden Zeitraum gut die Hälfte erschien und vermutlich komplett an Schmidt ging), wobei alle sechs Bände aus dem Jahr 1952 stammen, in dem die Werkausgabe startete; außerdem Fallada mit drei Bänden, Kreuder mit zwei Bänden, Galsworthy mit zwei Doppelbänden der rororo-Reihe. Beide Kreuder-Bände sowie die Bücher von Weyrauch und Jahnn enthalten hinten im Anhang je eine Anzeigenseite, mit der für die Rowohlt-Bücher Arno Schmidts geworben wird – dies mag für Schmidt natürlich ein gutes Argument gewesen sein, die Bände aufzubewahren, zumal dies möglicherweise die einzigen vier Rowohlt-Bände sind, in denen für Schmidts Bücher geworben wird[39]. Der Weyrauch- und einer der Kreuder-Bände stechen zudem hervor, weil sie handschriftliche Widmungen enthalten; mit beiden Autoren war Schmidt persönlich bekannt, ebenso mit Kusenberg (der offenbar zu den größten Fürsprechern Schmidt im Rowohlt-Verlag gehörte[40]) und mit Jahnn.

---

39 Mir ist kein weiterer Rowohlt-Band mit Schmidt-Werbeseiten bekannt, allerdings habe ich auch nur einen kleinen Teil der Verlagsproduktion jener Jahre daraufhin überprüfen können.

40 Kusenbergs hohe Meinung von Schmidts schriftstellerischem Können äußert sich beispielsweise in einem Lektoratsgutachten, das er zu drei Arbeiten Heinrich Bölls schrieb. Vgl. „Herr Kusenberg empfiehlt. Herr Kusenberg rät ab. Aus den verlagsinternen Voten eines Lektors", in Hermann Gieselbusch, Dirk Moldenhauer, Uwe Naumann, Michael Töteberg, *100 Jahre Rowohlt. Eine illustrierte Chronik* (Reinbek: Rowohlt 2008), S. 189-194, hier S. 193: „Vergliche man den Rowohlt Verlag mit einem Zirkus von internationalem Ruf, so wäre der Artist Böll darin keine erstklassige Nummer, sondern ein ‚Füller'. Denn seine Sparte (Krieg und Nachkrieg) ist in diesem Zirkus glänzend-genialisch vertreten durch Arno Schmidt. Die mittlere Erzählung des Bandes *Leviathan* (die mit der Lokomotive, es ist wohl die Titelerzählung) wiegt in ihrer Transparenz und ihrer Vierdimensionalität die drei Bände von Böll bei weitem auf. Aber auch im Sprachlichen ist Arno Schmidt dem Heinrich Böll unendlich überlegen: ausgeglüht, vergeistigt-versinnlicht, tiefenperspektivisch. Böll hingegen ist sprachlich nicht ganz sauber, nicht intensiv genug. Überall findet man bei ihm neben sehr guten Stellen abgegriffene Wörter und klischeehafte Ausdrücke oder Metaphern. Arno Schmidt ist von feurigem Geistesadel, Heinrich Böll stammt aus dem Hemingway-Mittelstand."

Für die Vermutung, solche eher äußerlichen Gründe seien für die Entscheidung, bestimmte Bücher zu behalten oder wegzuwerfen, zumindest mitverantwortlich, spricht auch die Tatsache, daß die dreißig aufgelisteten Bücher literarisch nicht einmal ansatzweise auf einen gemeinsamen Nenner zu bringen sind. Von Schmidt mit Maßen geachtete Autoren (Heinrich Mann, Musil, Fallada) stehen neben dem von ihm verachteten (freilich wohl von seiner Frau bevorzugten) Galsworthy; neben zwanzig Romanen finden wir sieben Prosasammlungen, einen Lyrikband, einen Bericht und eine Biographie. Erstaunlich stark vertreten sind Bücher mit leichter Kost der vornehmlich humoristischen Art – ein Grund dafür mag sein, daß solche Bücher für die vom Ehepaar Schmidt geübte Praxis des allabendlichen Vorlesens besonders gut geeignet sind.

Wirklich plausibel sind solche Vermutungen zu den Gründen des Verbleibs gerade dieser Bände in Schmidts Bibliothek allerdings vor allem dann nicht, wenn wir die Liste der dreißig Bücher mit dem vergleichen, was bei Rowohlt in den fraglichen Jahren sonst noch alles erschienen ist und von Schmidt zumindest zum Teil nachweislich auch gelesen, aber eben nicht behalten wurde – auch darunter sind literarisch achtbare Namen, Autoren aus Schmidts persönlicher Bekanntschaft und etliche Bücher, die von Arno und Alice Schmidt als Vorleselektüre benutzt wurden. Es scheint für Schmidt etliche durchaus unterschiedliche Gründe gegeben zu haben, ein Buch zu behalten, und sicherlich hat bisweilen auch der Zufall seine Hand im Spiel gehabt.

Welche Bücher aber sind es überhaupt, die Schmidt vom Verlag bekam? Vollständig läßt sich das heute nicht mehr rekonstruieren, aber zumindest eine Näherung können wir versuchen. Die wichtigste Quelle für Schmidts Bucherwerbungen in den fraglichen Jahren ist das Tagebuch seiner Frau. Für 1948 ist darin gar kein Zugang von

Rowohlt-Büchern vermerkt, wobei allerdings berücksichtigt werden muß, daß Alice Schmidt auch erst am 17. September jenes Jahres mit dem Führen des Tagebuchs beginnt; andererseits mag vor der Unterzeichnung des *Leviathan*-Vertrages am selben Tag für den Verlag auch keinerlei Anlaß bestanden haben, Schmidt Bücher zu schenken. Für 1949 verzeichnet Alice Schmidts Tagebuch nach Auskunft von Susanne Fischer folgende drei Rowohlt-Titel:

- Freya Stark: *Die Südtore Arabiens* (1948 erschienen; von Schmidt gelesen);
- Freya Stark: *Das Tal der Mörder* (September 1949 erschienen; von Schmidt gelesen);
- C. W. Ceram: *Götter Gräber und Gelehrte* (November 1949 erschienen; von Schmidt gelesen).

Die Liste für 1950 ist länger; im Juni dieses Jahres beginnen die rororo-Taschenbücher zu erscheinen, und die Schenkung von Freiexemplaren an Schmidt wird nun offenbar auf eine regelmäßige Basis gestellt:

- Walther Kiaulehn: *Feuerwerk bei Tage* (Januar 1948 erschienen);
- Marcel Aymé: *Der Mann, der durch die Wand gehen konnte* (1949 erschienen; Erwerb nicht erwähnt, aber Vorleselektüre 1950; BVZ 613);
- Clarence Day: *Unser Herr Vater* (1949 erschienen);
- Kurt Kusenberg: *Der blaue Traum* (1949 erschienen; Vorleselektüre);
- Raymond Peynet: *Verliebte Welt* (1949 erschienen);
- Jean-Paul Sartre: *Zeit der Reife* (1949 erschienen);
- Wolfgang Weyrauch (Hg.): *Tausend Gramm* (1949 erschienen);

- Walter Jens: *Nein – Die Welt der Angeklagten* (1950 erschienen);
- rororo 1: Hans Fallada: *Kleiner Mann – was nun?* (Juni 1950 erschienen; BVZ 365.1);
- rororo 4: Kurt Tucholsky: *Schloß Gripsholm* (Juni 1950 erschienen);
- rororo 5: Ernest Hemingway: *Fiesta* (Juli 1950 erschienen);
- rororo 6: Honoré de Balzac: *Oberst Chabert* (Juli 1950 erschienen);
- rororo 7: Knut Hamsun: *Mysterien* (August 1950 erschienen);
- rororo 8: Rudolf Brunngraber: *Radium* (August 1950 erschienen);
- Wolfgang Weyrauch: *An die Wand geschrieben* (Oktober 1950 erschienen; BVZ 472);
- Urban Roedl: *Matthias Claudius* (November 1950 erhalten; BVZ 159.2);
- Thomas Wolfe (Titel nicht genannt).

Von diesen siebzehn Bänden sind immerhin sieben schon vor 1950 erschienen; Schmidt hat sie also nicht automatisch bei Erscheinen, sondern erst nachträglich als besondere Gabe erhalten, wobei es sich auffällig oft um Bücher von Autoren aus dem nächsten Umfeld des Verlags handelt, die deshalb mit Schmidt in persönlichen Kontakt geraten sind (dies gilt auch für den Peynet-Band, der von Kusenberg übersetzt wurde). Eine institutionalisierte Belieferung mit den Neuerscheinungen des Rowohlt-Hauptprogramms erfolgt entweder noch nicht oder wird von Alice Schmidt nicht verzeichnet; hingegen erhält Schmidt ganz offensichtlich vom Erscheinen der ersten Nummer an das komplette rororo-Taschenbuchprogramm, dessen Einzeltitel aber von Alice Schmidt schon sehr bald nicht mehr eigens aufgeführt werden. Von den zwanzig

Büchern, deren Erwerb Alice Schmidt im Tagebuch der Jahre 1949 und 1950 erwähnt, sind lediglich vier noch in Schmidts Nachlaßbibliothek vorhanden (ein fünftes in der Bibliothek seiner Frau); freilich ist in der Nachlaßbibliothek mit James Thurbers *Rette sich, wer kann!* (erschienen im September 1948; BVZ 598) auch eine Rowohlt-Neuerscheinung aus der fraglichen Zeit vorhanden, deren Eingang Frau Schmidt gar nicht erwähnt. Zudem erschienen in diesen Jahren andere Bücher, deren Lektüre oder Kenntnis durch Arno Schmidt sich belegen läßt, ohne daß sie in Alice Schmidts Tagebuch vermerkt würden, so die Tucholsky-Sammlung *Gruß nach vorn* und *Tatjana* von Curt Goetz; eine systematische Sichtung der von Schmidt womöglich rezipierten Rowohlt-Bücher, wie ich sie in einer gesonderten Aufstellung versuche[41], kann sich deswegen keineswegs darauf beschränken, nur das zu prüfen, was in Alice Schmidts Tagebuch auftaucht.

Je mehr Bücher Arno Schmidt von Rowohlt bekommt, desto stärker tritt der Aspekt, seine Bibliothek mit diesen Bänden aufstocken zu können, in den Hintergrund, und statt dessen entdeckt er die Bücher als Geldquelle. Schon Ende November 1950 hat er auf seine Rowohlt-Bestände zurückgegriffen, um bei seinem Wegzug vom Mühlenhof Cordingen einige dortige Bekannte mit Abschiedsgeschenken von eher zweifelhaftem Wert bedenken zu können[42]; vermutlich ist solches Recycling eher die Regel als

---

41 Vgl. Friedhelm Rathjen, „Grimme Plage. Eine erste Übersicht über die von Arno Schmidt rezipierten Rowohlt-Bücher 1947-55“, in Frank Legl (Hg.), *Zettelkasten 25. Aufsätze und Arbeiten zum Werk Arno Schmidts. Jahrbuch der Gesellschaft der Arno-Schmidt-Leser 2006* (Wiesenbach: Bangert & Metzler 2008), S. 197-251; erweitert im vorliegenden Band, S. 37-110.

42 Vgl. „Aus dem Tagebuch Alice Schmidts“, in Susanne Fischer (Hg.), *„Umgängliche Nachbarn erwarten euch“. Zu Arno Schmidts „Die Umsiedler“*, Hefte zur Forschung 3 (Bargfeld: Arno Schmidt Stif-

die Ausnahme, wobei allerdings der Schmidtsche Bekanntenkreis sehr schnell zu klein geworden sein dürfte, um genügend Abnehmer für die ab 1950 rasch anwachsende Flut der Bücher bereitstellen zu können. Schmidt behilft sich, indem er Antiquariate mit Rowohltiana beglückt.

Welchen Umfang der Buchdurchlauf im Hause Schmidt schließlich annimmt, läßt sich anhand des veröffentlichten 1954er Tagebuchs von Alice Schmidt recht anschaulich verfolgen. Schauen wir uns zunächst die Zugänge an. Fast allmonatlich vermerkt Frau Schmidt den Eingang der rororo-Neuerscheinungen:

- 25.1.54: „2 RoRoRos und ein interes. Jubileumsbuch zur Nr. 100 d. RoRoRo's das Bilder und kurze Biographien all der 100 Leute bringt."[43]
- 22.2.54: „2 RoRoRo darunter Jens' »Nein«. Nu schlugs vollends ein: Jens mit seinem Mist hat sicher 5000 dafür gekriegt."[44]
- 23.3.54. „RoRo schickt die neuesten RoRoRo's"[45].
- 24.5.54: „3 RoRoRo."[46]

---

tung 1995), S. 67-87, hier S. 69 (Weyrauch, *Tausend Gramm*) und 71 (Zehrer, *Der Mensch in dieser Welt*; Ceram, *Götter Gräber und Gelehrte*).

43 Alice Schmidt, *Tagebuch aus dem Jahr 1954*, a.a.O., S. 24 (25.1.54). – Im Januar 1954 erscheinen: Wilhelm Raabe, *Stopfkuchen* (rororo 100), und Pearl S. Buck, *Die Frau des Missionars* (rororo 101), außerdem das Gratis-rororo *Was sie schreiben. Wie sie aussehen.*

44 Ebd., S. 38 (22.2.54). – Im Februar 1954 erscheinen: Walter Jens, *Nein. Die Welt der Angeklagten* (rororo 102), und Sinclair Lewis, *Dr. med. Arrowsmith* (rororo 103-104).

45 Ebd., S. 49 (23.3.54). – Im März 1954 erscheinen: André Malraux, Der *Königsweg* (rororo 105), und C. E. Ganter, *Panama* (rororo 106).

46 Ebd., S. 75 (24.5.54). – Im Mai 1954 erscheinen: Ilja Ilf / Eugen Petrow, *Zwölf Stühle* (rororo 110), Rudolf Brunngraber, *Zucker aus*

- 21.6.54: „P[osteingang]: 2 RoRoRo's"[47].
- 23.8.54: „3 RoRoRo's"[48].
- 20.9.54: „2 RoRoRo, darunter die ganze Forsyte-Saga als dicken Band. Gut, die behalten wir wieder"[49].
- 18.10.54: „P: 3 RoRoRos"[50].
- 15.11.54: „2 RoRoRos: Ina Seidel, Das Wunschkind und Hans Henny Jahnn, und siehe da in diesem Band kommt hinter d. Anpreisung dessen Schriften: 1 Seite Jens, 1 Seite Dieter Meichsner und 1 Seite Arno Schmidt [...] – Good! –"[51]
- 6.12.54: „3 RoRoRos."[52]

Das ist in der Tat das komplette rororo-Jahresprogramm, wenn wir die Lücken im April und Juli vernachlässigen[53],

---

Cuba (rororo 111), und A. J. Cronin, *Der neue Assistent* (rororo 112).

[47] Ebd., S. 86 (21.6.54). – Im Juni 1954 erscheinen: Kurt Kusenberg, *Mal was andres* (rororo 113), und Frank Thiess, *Tsushima* (rororo 114-115).

[48] Ebd., S. 178 (23.8.54). – Im August 1954 erscheinen: Günther Weisenborn, *Das Mädchen von Fanö* (rororo 119), Colette, *Die Fessel* (rororo 120), und Alfred Hayes, *Alle deine Siege* (rororo 121).

[49] Ebd., S. 207 (20.9.54). – Im September 1954 erscheinen: Hans Reisiger, *Ein Kind befreit die Königin* (rororo 122), und John Galsworthy, *Die Forsyte Saga* (rororo 123-124).

[50] Ebd., S. 223 (18.10.54). – Im Oktober 1954 erscheinen: Emil Belzner, *Ich bin der König* (rororo 125), B. Traven, *Das Totenschiff* (rororo 126), und A. J. Cronin, *Der spanische Gärtner* (rororo 127).

[51] Ebd., S. 240 (15.11.54).

[52] Ebd., S. 251 (6.12.54). – Im Dezember 1954 erscheinen: Kurt Tucholsky, *Panter, Tiger & Co.* (rororo 131), Daniel Varé, *Das Tor der glücklichen Sperlinge* (rororo 132), und Tania Blixen, *Afrika – dunkel lockende Welt* (rororo 133).

[53] Im April 1954 erscheinen: Alfred Polgar, *Im Lauf der Zeit* (rororo 107), Oscar Jacobssen, *Adamson* (rororo 108), und Graham Greene, *Das Herz aller Dinge* (rororo 109); im Juli 1954 erscheinen: Richard Katz, *Leid in der Stadt* (rororo 116), Sinclair Lewis, *Benzinstation*

die vermutlich nur auf Nachlässigkeit der Diariistin bei der Verzeichnung des Posteingangs beruhen. Die Verlagszusendungen aus dem Rowohlt-Hardcoverprogramm haben einen wesentlich geringeren Umfang:

- 8.3.54: „von Ro. 3 neue Balzac“[54].
- 17.4.54: „Ro: neuester Kreuder [...] Buchanzeige v. A’s Büchern“[55].
- 17.8.54: „3 Balzac’s von Rowohlt.“[56]
- 11.9.54: Kreuder „Schickt sein neues Buch“[57].
- 24.12.54: „P: Als Weihnachts= u. Neujahrsglückwunsch v. Rowohlt »an die Freunde seines Verlages« (Aufl. 1.700) ein nettes Büchelchen: James Thurber Gezeichnete Parodien zu Balladen von Fr. Schiller, Henry Wadsworth Longfellow, Sir W. Scott u. Alfred Lord Tennyson.“[58]

Es scheint so, als würde Schmidt zu diesem Zeitpunkt neben den rororo-Taschenbüchern nur noch die Bände der Balzac-Werkausgabe automatisch bekommen. Die Zusendung des Kreuder-Romans *Herein ohne anzuklopfen* ist ein Sonderfall, denn vermutlich erhält Schmidt das Buch auf Veranlassung des Autors (der ihm allerdings auch noch separat ein signiertes Exemplar schickt), vielleicht auch als Beleg für die darin enthaltene Schmidt-Anzeige. Die Weihnachtsgabe verblüfft Arno und Alice Schmidt, weil sie sich zu diesem Zeitpunkt gar nicht mehr zu den Freunden des Verlags rechnen; freilich nehmen sie auch sogleich zur Kenntnis, daß der Verlag ausweislich der

---

(rororo 117), und Michael Choromanski, *Eifersucht und Medizin* (rororo 118).

54 Alice Schmidt, *Tagebuch aus dem Jahr 1954*, a.a.O., S. 42 (8.3.54).

55 Ebd., S. 60 (17.4.54).

56 Ebd., S. 173 (17.8.54).

57 Ebd., S. 202 (11.9.54).

58 Ebd., S. 264 (24.12.54).

Auflagenhöhe wohl nicht weniger als 1700 „Freunde" hat; eine exklusive Gabe ist dies also keineswegs.

Gelesen wird Alice Schmidts Tagebuch zufolge von den Büchern nur weniges:

- 9.4.54: „V[orleselektüre]: Sinclair Lewis Dr. med. Arrowsmith".[59]
- 25.5.54: „V: ein recht lustiges RoRoRo: 12 Stühle v. Petrow."[60]
- 21.6.54: „V: so Zauberergeschichten aus 'm neuen RoRoRo=Bd. (»Mal was andres!«)"[61].
- 20.11.54: „V: Aymé: Der Mann d. d. d. Wand gehen konnte mal wieder gelesen. Ist doch recht lustig, diese Einfälle!"[62]

Zudem wird die Rowohlt-Weihnachtsgabe – also der Band mit Thurbers Parodien – gleich nach dem Auspacken angesehen und für „sehr lustig" befunden.[63]

Und was geschieht mit den vielen Büchern, die nicht (und zweien von denen, die doch) gelesen wurden? In Schmidts Nachlaßbibliothek vorhanden sind von den Eingängen des Jahres 1954 gerade einmal vier Bände, nämlich die eher von Alice Schmidt als von ihrem Mann geschätzte *Forsyte Saga* Galsworthys (BVZ 530.1), das Widmungsexemplar des Kreuder-Bandes mit der Werbe-

---

59 Ebd., S. 58 (9.4.54).

60 Ebd., S. 75 (25.5.54).

61 Ebd., S. 86 (21.6.54).

62 Ebd., S. 243 (20.11.54). – Dies ist keine Neuerscheinung des Jahres 1954, sondern ein 1949 erschienenes Buch, das auch 1950 schon Vorleselektüre im Hause Schmidt war. Eine der Neuerscheinungen aus dem Dezember 1954, nämlich die Tucholsky-Auswahl *Panter, Tiger & Co.*, ist zum Ausgleich der Lesebilanz dann am 4. März 1955 Vorleselektüre der Schmidts; vgl. Alice Schmidt, *Tagebuch aus dem Jahr 1955*, hg. v. Susanne Fischer (Frankfurt a.M.: Suhrkamp 2008), S. 70 (4.3.55).

63 Ebd., S. 264 (24.12.54).

seite für Schmidts Bücher (BVZ 409.5), die *13 nicht geheuren Geschichten* von Jahnn (BVZ 395.1), in deren Anhang ebenfalls eine Anzeige für die Bücher Arno Schmidts wirbt, und das im Juni erschienene rororo-Bändchen des Verlagsmitarbeiters Kurt Kusenberg mit dem Titel *Mal was andres* (BVZ 411). Der Rest verschwindet früher oder später wieder aus Schmidts Haushalt – und auch dazu gibt uns das 1954er Tagebuch einige Anhaltspunkte:

- 9.3.54: „schrb. an Glogau ob er Ro Bücher ankaufen will“[64].
- 11.3.54: „Schreiben Antiquariat Glogau: ist mit Ro-Bücherankauf einverstanden u. den meisten der vorgeschlagenen Titel, die zu 1/3 dann etwas über 40 Mark ausmachen.“[65]
- 13.10.54: „An Antiquar Glogau geschrieben ob er Bücher ankauft.“[66]
- 18.10.54: „Glogau will die 3 Balzac's und Böll zu 1/3 eintauschen. (Patersons Thirza u. Kreuder will er also nicht. strange!) [...] (sind dann rund 12 DM)“[67].
- 29.10.54: „Beim Hegner tausche ich gegen 4 RoRoRos 2 wß. Süden und 2 Paterson (Drahtseil) ein.“[68]
- 5.12.54: „Päckchen f. Weihnachten: [...] 1 Doppel RoRo: Sinclair Lewis Dr. Arrowsmith.“[69]

---

64 Ebd., S. 43 (9.3.54).

65 Ebd., S. 48 (19.3.54). – Der Erlös beträgt schließlich genau DM 43,50 (ebd., S. 53, Eintrag v. 29.3.54).

66 Ebd., S. 220 (13.10.54).

67 Ebd., S. 223 (18.10.54). – Der Erlös beläuft sich am Ende auf DM 12,10 (ebd., S. 238, Eintrag v. 13.11.54).

68 Ebd., S. 229 (29.10.54).

69 Ebd., S. 250 (5.12.54).

Von den rororo-Bänden werden also vier weggegeben, um im Tausch zusätzliche Doubletten der von Schmidt übersetzten Titel der Reihe zu bekommen; außerdem dient ein Doppelband der rororo-Reihe (und zwar ein Buch, das zuvor von Schmidt und seiner Frau gelesen wurde) als Weihnachtsgeschenk für die Verwandtschaft. Diese Tausch- und Schenkaktionen fallen aber noch am wenigsten ins Gewicht; dem lukrativen Verkauf von Büchern (für den sich offenbar die Balzac-Bände besonders gut eignen) kommt eine größere Bedeutung zu. Beim Antiquariat Glogau erzielt Schmidt nach Maßgabe des Tagebuchs seiner Frau 1954 einen Erlös von mindestens 52 Mark; da er ein Drittel des Neupreises bekommt, hat er also Bücher im Wert von gut 150 Mark verkauft (allerdings einschließlich eines Bandes von Böll, der nicht aus dem Rowohlt-Verlag stammt).

150 Mark sind 1954 nicht so wenig Geld, wie man heute meinen könnte; klar ist, daß es sich bei Büchern dieses Wertes vornehmlich um gebundene Bände gehandelt haben muß, da rororo-Taschenbücher 1954 pro Nummer nur DM 1,50[70] kosten. Gebundene Rowohlt-Bücher kosten zur Mitte der 50er Jahre meist DM 9,80, dünne Bändchen nur 7,80, Schmidts *Leviathan* (ein Pappband) lediglich 4,80, dickere Bücher zumeist 12,80 oder 14,80, der 1952 erschienene schwere Dünndruckband mit Musils *Mann ohne Eigenschaften* erhebliche 38 Mark. Schmidt mag im Jahr 1954 also etwa fünfzehn gebundene Bücher verkauft

---

[70] Vgl. „Bitte an die Leser", in *Was sie schreiben. Wie sie aussehen*, a.a.O., unpaginiert: „Das rororo-Taschenbuch zu DM 1,50 kostet einen guten Stundenlohn. Das ist immer noch zu viel. Der Jugendliche, der Arbeitslose, der Kleinrentner, der Flüchtling kann sich noch immer kein rororo-Taschenbuch kaufen, geschweige denn Bücher anderer Art." Ein Vergleich der geringen Kaufkraft jener Jahre mit den damaligen Bücherpreisen zeigt, wie hilfreich die Rowohltschen Büchergaben für Schmidt gewesen sein müssen.

haben, in den Jahren zuvor womöglich mehr, weil er da vermutlich noch in größerer Zahl Hardcovers von Rowohlt bekommen hat.

Weil diese Verkäufe für Schmidt finanziell so wichtig sind, hat er keine Hemmungen, auch Bücher wegzugeben, die er gelesen hat. Erst Ende 1955 stabilisiert sich seine wirtschaftliche Lage durch die Arbeit für Alfred Anderschs Funkessay-Reihe und den vermehrten Absatz von Zeitungsartikeln; der Umzug nach Darmstadt verschafft Schmidt zugleich direkten Zugang zu den dortigen Antiquariaten, was sich einerseits darin niederschlägt, daß er seine Bibliothek jetzt außerhalb des vom Rowohlt-Programm vorgegebenen Rahmens rascher ausbauen kann, andererseits aber vielleicht auch neue Möglichkeiten zu Tauschgeschäften mit den immer noch in seinen Regalen befindlichen Rowohlt-Bänden eröffnet. Fakt ist, daß viele von den Rowohlt-Büchern, die Schmidt nicht behalten hat, nachweislich von ihm gelesen worden sind, darunter Bücher, deren Lektüre in Schmidts Werk breite Spuren hinterlassen haben – beispielsweise die Auswahlbände Kurt Tucholskys, von dem sich in Schmidts Nachlaßbibliothek außer einem erst 1978 bei Rowohlt erschienenen Tagebuchband (BVZ 460) überhaupt nichts findet.

Eine eingehende Prüfung der für eine Rezeption durch Arno Schmidt in Frage kommenden Rowohlt-Neuerscheinungen der Jahre bis 1955, wie ich sie in „Grimme Plage“ versuche, zeigt aber auch, daß es in aller Regel nicht die Großwerke bedeutender Autoren sind, die Schmidt sich aus dem Rowohlt-Programm zur Lektüre herauspickt und auf sein eigenes Werk Einfluß nehmen läßt. Anregen läßt Schmidt sich nicht von Robert Musil, sondern von Kiaulehn, Kusenberg, Beheim-Schwarzbach und Erich Wildberger, nicht vom gerngeschmähten Triumvirat Faulkner-Wolfe-Hemingway, sondern von James Thurber, Betty Mac Donald und Frederic Prokosch, nicht von Gide oder

Camus oder Sartre, sondern von Anatole France und Marcel Aymé und Colette, wenig wohl von Jahnn und Kreuder, etwas mehr vielleicht von Dauthendey und Fallada, am meisten – und das ist wirklich erfreulich – immerhin von Tucholsky[71]. Es scheint, daß Schmidt diejenigen Rowohlt-Autoren bevorzugt, die sich als abendliche Vorleselektüre eignen, nicht diejenigen, die ihm einen Sinn dafür hätten vermitteln können, daß die Moderne auch außerhalb seiner eigenen Bücher stattfindet. Aus dem Rowohlt-Programm hätte er vielleicht doch mehr herausholen können – hätte er es denn gewollt.

---

[71] Dazu ausführlicher: Friedhelm Rathjen, „Auf und Ab. Chronologischer Abriss der Tucholsky-Rezeption Arno Schmidts", in *Bargfelder Bote*, Lfg. 288-289 / März 2006, S. 24-34; Nachdruck in Friedhelm Rathjen, *Immerfort mitlebend. Arno Schmidt und die deutsche Literatur des 20. Jahrhunderts* (Südwesthörn: Edition ReJoyce 2011), S. 81-93.

Übersicht über die von Arno Schmidt rezipierten Rowohlt-Bücher 1947-55

In Arno Schmidts Nachlaßbibliothek befinden sich dreißig Bücher, die in den Nachkriegsjahren bis 1955 im Rowohlt-Verlag erschienen sind. Zu Lebzeiten besessen (wenn auch häufig nur für kurze Zeit) hat Schmidt aber sehr viel mehr; in den Jahren, als er selbst Autor des Verlags war, bekam er das komplette rororo-Taschenbuchprogramm und einen nicht genau zu quantifizierenden, aber offensichtlich doch beträchtlichen Teil der übrigen Rowohlt-Neuerscheinungen sofort nach Veröffentlichung zugesandt – insgesamt dürfte es sich bei vorsichtiger Schätzung um mindestens 200 Bände gehandelt haben. Den größten Teil hat Schmidt rasch wieder verkauft, verschenkt, weggetauscht oder womöglich auch weggeworfen; allerdings heißt das nicht notwendigerweise, daß er diese Bücher zuvor nicht gelesen oder zumindest durchgeblättert hätte. Im folgenden versuche ich, einen ersten Überblick darüber zu geben, welche Bücher des Rowohlt-Programms jener Jahre Schmidt rezipiert hat. Ich berücksichtige alle Bücher, die mindestens eines der folgenden Kriterien erfüllen:

- Bücher, die in Schmidts Nachlaßbibliothek noch vorhanden sind;
- Bücher, deren Lektüre durch Schmidt sich durch Äußerungen in Briefen, Tagebüchern und ähnlichen Quellen belegen läßt;
- Bücher, die Schmidt in seinen eigenen Werken zitiert, auf die er sich beruft oder auf die er in irgendeiner Weise anspielt;
- Bücher, deren Erhalt Alice Schmidt in den mir zugänglichen Teilen ihrer Tagebücher unter Nennung von Autor und/oder Titel eigens erwähnt.

Natürlich kann die hier gegebene vorläufige Übersicht nicht vollständig sein; für Ergänzungen und Korrekturen jeglicher Art bin ich allen Lesern und Leserinnen sehr dankbar.

Zur Erleichterung von Rückschlüssen stelle ich die Bücher in der chronologischen Folge ihres Erscheinens oder ihrer mutmaßlichen Kenntnisnahme durch Schmidt vor. Leider läßt sich für die meisten Titel des Rowohlt-Hauptprogramms nur das Erscheinungsjahr und nicht der Erscheinungsmonat ermitteln, da bei einem Brand im Jahr 1969 das Rowohlt-Archiv weitgehend vernichtet wurde[1]; ich gehe deswegen jahrgangsweise zunächst in alphabetischer Folge die Hardcover sowie die Rotationsdrucke im Zeitungsformat („Rowohlt Rotations Romane", gekennzeichnet als „Ro-Ro-Druck") durch, anschließend folgen die Taschenbücher („rororo") nach Nummern. Am Ende der Titelaufnahme nenne ich jeweils den Zeitpunkt der Publikation[2] („P") und – soweit bekannt – den Zeitpunkt des Erwerbs durch Arno Schmidt[3] („E"); zumindest bei den rororo-Taschenbüchern fallen beide Daten zusammen, da Schmidt diese Bände sofort nach Erscheinen erhielt. Auf die Angabe von Übersetzern, Herausgebern und Vor- oder Nachwortautoren verzichte ich (abgesehen von einigen wenigen Fällen, in denen diese Angaben für den Schmidt-Konnex relevant sind oder sein könnten); Er-

---

1 Auskunft von Wolfgang Müller (Rowohlt-Verlag, Reinbek).

2 Die Veröffentlichungsdaten stammen größtenteils aus den jeweiligen Büchern, außerdem aus Maria Hintermeier und Fritz J. Raddatz (Hg.), *Rowohlt Almanach 1908-1962*. Mit einem Vorwort von Kurt Pinthus und der vollständigen Bibliographie von 1908-1961 (Reinbek: Rowohlt 1962). Die Angaben im Almanach weisen allerdings gelegentlich Lücken auf.

3 Einige der Erwerbsdaten entnehme ich Unterlagen der „Arno Schmidt Stiftung", die ich bei einem Besuch in Bargfeld einsehen konnte; ich danke Bernd Rauschenbach für seine freundliche Mithilfe.

scheinungsort aller fraglichen Rowohlt-Bände ist Hamburg (bis 1950 gelegentlich unter zusätzlicher Nennung der Verlagsdependancen Stuttgart und/oder Baden-Baden). Zur Beschränkung des Fußnotenaufkommens zitiere ich parenthetisch im Text die jeweils vorgestellten Bücher durch einfache Seitenangabe, Belegstellen aus dem Werk Arno Schmidts durch Stellenangabe nach der Bargfelder Ausgabe[4] („BA“) oder dem Typoskript von *Zettel's Traum*[5] („ZT“). Sind Bücher in Arno Schmidts Nachlaßbibliothek vorhanden, erfolgt ein entsprechender Hinweis unter Angabe der jeweiligen Ordnungsnummer im Bibliotheksverzeichnis[6] („BVZ“) von Dieter Gätjens und Günter Jürgensmeier.

1947

Wolfgang Borchert: *Draußen vor der Tür. Ein Stück, das kein Theater spielen und kein Publikum sehen will.* P: 1947. E: unbekannt.

Im Mai 1948 erschien eine zweite Auflage; außerdem ist das Stück in dem Band *Das Gesamtwerk* enthalten, der im Februar 1949 herauskam. Ob Schmidt eine dieser Ausgaben besaß, ist nicht bekannt. Möglicherweise hörte er auch im Radio die Hörspielfassung, die am 13. Februar 1947 vom Nordwestdeutschen Rundfunk erstausgestrahlt wurde.

---

4 Arno Schmidt, Bargfelder Ausgabe (Zürich: Haffmans 1986 ff.).

5 Arno Schmidt, *Zettel's Traum* (Stuttgart: Goverts Krüger Stahlberg 1970).

6 Dieter Gätjens, *Die Bibliothek Arno Schmidts. Ein kommentiertes Verzeichnis seiner Bücher* (Zürich: Haffmans 1991), neue Ausgabe, durchgesehen und erweitert von Günter Jürgensmeier (Bargfeld: Arno Schmidt Stiftung 2003; im Internet: www.arno-schmidt-stiftung.de/Archiv/Bibliotheksverzeichnis.html).

Anspielungen auf den Titel von Borcherts Stück erfolgen mehrmals in Arno Schmidts Werk, und zwar in „Reim' Dich, oder ich freß' Dich!“ (BA III/3, S. 344: „in Klopstocks [...] ‹Grammatischen Gesprächen› erhebt sich plötzlich, mitten in einer tiefsinnigen Erörterung über griechische Versmaße, ‹draußen vor der Tür› ein Gelärm“), *Das steinerne Herz* (BA I/2, S. 103: „Ich bald wieder allein draußen, vor der Toreinfahrt“) und *Abend mit Goldrand* (BA IV/3, S. 282: „Sprich, draußen vor der Tür, erst noch 3 Mal: ›O komm, Mein Abgott! komm; die Sehnsucht tötet Mich!‹.“). Eine Titelanspielung könnte auch schon enthalten sein in *Brand's Haide*: „*Wieder vor der Tür, lustig alle Drei*“ (BA I/1, S. 132). Daß Schmidt nicht nur den Titel, sondern auch den Text von Borcherts Stück kannte, ergibt sich aus einer anderen Stelle zu Beginn von *Brand's Haide*; die Passage „es stieß mich auf [...] wie die Kaninchen!“ (BA I/1, S. 117) spielt vermutlich an auf den Beginn von *Draußen vor der Tür*: „DER BEERDIGUNGSUNTERNEHMER *(rülpst mehrere Male und sagt dabei jedesmal):* Rums! Rums! Wie die – Rums! Wie die Fliegen! Wie die Fliegen, sag ich.“[7]

1948

Ro-Ro-Druck: Marjorie Kinnan Rawlings: *Frühling des Lebens. Roman*. P: August 1948. E: unbekannt.
Es ist zweifelhaft, ob Schmidt dieses Buch (das 1955 auch als rororo-Taschenbuch erschien) je besessen hat; der

---

[7] Wolfgang Borchert, „Draußen vor der Tür. Ein Stück, das kein Theater spielen und kein Publikum sehen will“, in *Das Gesamtwerk*, mit einem biographischen Nachwort von Bernhard Meyer-Marwitz (Hamburg: Rowohlt 1949), S. 109-175, hier S. 113. – Hinweis schon bei Heinrich Schwier, *Lore, Grete & Schmidt. Ein kommentierendes Handbuch zu Arno Schmidts Roman „Brand's Haide“* (München: edition text + kritik 2000), S. 17.

Name der Autorin scheint ihm jedoch im Gedächtnis geblieben zu sein, und so feiert sie in Gestalt von „Marjorie Kennan (geschätzt auf 30)“ (BA IV/2, S. 9), der Missionarin des „DazwischenSpiels“ in Schmidts *Schule der Atheisten*, eine Art Wiederauferstehung.

Ro-Ro-Druck: Hjalmar Schacht: *Abrechnung mit Hitler*. P: 1948. E: unbekannt.
Ob Schmidt diesen Rotationsdruck besessen hat, ist unbekannt, zumindest hat er aber gewußt, daß die notorische Selbstreinigungsschrift des Nazi-Kollaborateurs von Rowohlt verlegt wurde, und dies zum Anlaß genommen, sich in seinen eigenen für Rowohlt geschriebenen Texten mehrfach zu empören. In dem 1949 für die *Wundertüte* geschriebenen Brief an „Herrn Dr. Walter Ziesemer“ fragt Schmidt bezüglich Fouqués *Alethes*: „wo ist der Verleger, der dieses Buch neu druckt?! (Aber Hjalmar Schachts Erinnerungen, Leo Slezak: dafür gibt’s Papier genug!)“ (BA III/3, S. 82). Im selben Jahr lobt er den Titelhelden seiner historischen Revue „Massenbach“: „Sie müssen Alles wissen; damit Sie künftig ehrfürchtig nicken können, wenn Sie den Namen hören, und auf Minuten sich selbst entschwinden, und all unsern politischen Invertebraten: Franz und Hjalmar, und so.“ (BA II/1, S. 14) Da weder die *Wundertüte* noch der „Massenbach“ von Rowohlt gedruckt werden, wiederholt Schmidt die Anwürfe auf Hjalmar Schacht in *Brand’s Haide*: „Schloß die Augen; sah – Callot: Les misères et les malheurs de la guerre – die Bäume voller Generäle: da hingen sie samt unsern politischen Invertebraten, Franz neben Hjalmar; und pfiff gellend ein Gemisch von Völker hört die Signale und allons enfants (aber mehr allons!)“ (BA I/1, S. 139).

James Thurber: ***Rette sich, wer kann! Eine Auswahl. Geschichten, Glossen, Einfälle und Zeichnungen.*** **P: September 1948. E: unbekannt.**
In Arno Schmidts Nachlaßbibliothek ist dies Exemplar erhalten (BVZ 598).

Schmidt schätzte vor allem die Zeichnungen Thurbers, von dem in den fraglichen Jahren noch zwei weitere Bände bei Rowohlt erschienen (*So spricht der Hund*, 1948; *Achtung, Selbstschüsse! Eine neue Auswahl Geschichten, Glossen, Einfälle und Zeichnungen*, 1950). Zudem erhielt Schmidt, wie seine Frau unter dem 24. Dezember 1954 in ihrem Tagebuch vermerkt, just zu einer Zeit, da sein Zwist mit dem Rowohlt-Verlag auf dem Höhepunkt war,

> Als Weihnachts= u. Neujahrsglückwunsch v. Rowohlt »an die Freunde seines Verlages« (Aufl. 1.700) ein nettes Büchelchen: James Thurber Gezeichnete Parodien zu Balladen von Fr. Schiller, Henry Wadsworth Longfellow, Sir W. Scott u. Alfred Lord Tennyson.« Wir sehns uns dann, als A. ausgebutzt hat, an. sehr lustig u. A. lacht hellauf, besonders bei Scotts Lochinvar wo der eine d. Sippe sich verkehrt aufs Roß setzt. Übrigens hat A. gleich, als er die Titelzeichnung sah: »Das ist doch Thurber« gesagt.[8]

Aus dem Band *Rette sich, wer kann!* interessierte Schmidt vor allem die Erzählung „Walter Mittys Geheimleben“ (S. 30-37), die das Gedankenspiel eines Pantoffelhelden schildert, der sich vorstellt, er säße am Steuerknüppel eines Düsenflugzeugs und vollführe raffinierteste Flugmanöver. Der formale Clou der Erzählung ist, daß der Übergang von der einen in die andere Realitätsebene nicht eigens benannt wird und sich einigermaßen unverhofft

[8] Alice Schmidt, *Tagebuch aus dem Jahr 1954*, hg. v. Susanne Fischer (Frankfurt a.M.: Suhrkamp 2004), S. 264 (24.12.54).

von einem Satz zum anderen vollzieht. Da vernimmt Mitty beispielsweise das „Ratatata der Maschinengewehre", spürt sogleich „einen Schlag gegen die Schulter" (S. 36) und merkt (wie auch der Leser) erst mit Verzögerung, daß dieser Schlag nicht von einer Kriegswaffe, sondern von seiner entnervten (und sehr realen) Frau herrührt. Auf diese Story geht Schmidt in seinen „Berechnungen II" von 1955 ein. Im Paragraphen 5 befaßt er sich mit „Versuche[n] zur formalen Bewältigung wenigstens des untersten Typs" des Gedankenspiels und stellt leicht bedauernd fest (BA III/3, S. 278):

> von Lucian »Das Schiff oder die Wünsche« bis zu James Thurbers »Walter Mittys Geheimleben« führt eine leider nur horizontale Linie. Beide behandeln zudem, wie gesagt, nur die künstlerisch unergiebigen Mikrotypen, und auch diese noch völlig einseitig nach der um eine entscheidende Spur zu flachen Formel des si j'étais Roi.

Wer Schmidts spätere eigene Experimente der Versuchsreihe ‚Längeres Gedankenspiel' kennt, weiß, daß ihm die mangelnde formale Kennzeichnung der beiden Realitätsebenen bei Thurber nicht behagt haben wird; lernen konnte er von Thurber aber immerhin, wie wirkungsvoll sich Signalwörter einsetzen lassen, die in beiden Realitätsebenen verankert sind und so den Übergang von der einen in die andere initiieren können.

In der 1953 entstandenen Urfassung der „Berechnungen" findet sich der Hinweis auf Thurber noch nicht, dafür aber eine andere Stelle, die mit Thurber zu tun haben könnte: „So habe ich mir etwa, gewitzigt durch vielfältige historische Studien und Arbeiten, vorgesetzt, unter anderem auch ein Bild meiner Zeit zu entwerfen: wie es sich *mir* darstellt; selbstverständlich!" (BA III/3, S. 104) Die (von

Schmidt spätestens 1952[9] floskelhaft und entsprechend häufig verwendete) Formulierung von dem „Bild meiner Zeit“ geht womöglich zurück auf einen Passus in Thurbers leicht schalkisch grundiertem Vorwort zu seiner Sammlung. Betreffs eines bestimmten Schriftstellertypus (sogenannte „Humoristen“, die in Wahrheit eher Melancholiker ohne Welterfahrung sind) behauptet Thurber: „Für einen solchen Menschen ist es schwer, sich nach dem zu richten, was Ford Madox Ford in seinen Memoiren die einzige Berechtigung genannt hat, seine Lebenserinnerungen zu schreiben: ein Bild von seiner Zeit zu malen.“ (S. 9) Der Witz an dieser Formulierung ist, daß Thurber sie einem Buch voranstellt, das schon für das bloßeste aller Augen von weitem als ganz und gar nicht autobiographisch erkennbar ist: das zitierte Ford-Wort wird in einen gröblichen Fake-Zusammenhang gestellt.[10]

Kurt Tucholsky: *Gruß nach vorn. Eine Auswahl aus seinen Schriften und Gedichten*. P: Oktober 1948. E: unbekannt.

Dies ist die dritte Auflage der sehr erfolgreichen Tucholsky-Auswahl, die zunächst 1946 in zehntausend und 1947 in weiteren neuntausend Exemplaren erschien. Schmidts

---

[9] Arno Schmidt zu Martin Walser am 18. August 1952, zitiert nach dem Tagebuch von Alice Schmidt, „‚Soviel Geld? Dann schule ich um auf Hörspiel!‘“, in *Frankfurter Allgemeine Zeitung*, Nr. 294, 26.10.2002, S. 37: „Ja, ich will ja auch ein Bild meiner Zeit geben, und dazu gehören, ebenso wie die Schlager, diese Aussprüche, die damals 1000de dachten.“

[10] Vgl. Friedhelm Rathjen, „Ein Bummel durch die Bibliothek. Miszellen zu einigen Lektüren Arno Schmidts“, in *Bargfelder Bote*, Lfg. 255-256 / September 2001, S. 3-21, hier S. 9-11; Friedhelm Rathjen, „Rowohlts Beste? Papas Früchtchen: James Thurber, Betty Mac Donald“, in ders., *Westwärts. Arno Schmidt und die amerikanische Literatur* (Scheeßel: Edition ReJoyce 2007), S. 155-161, hier S. 155-158.

Aneignungen von Textstellen dieses Bandes setzen mit *Brand's Haide* (1950) ein, weswegen es sehr wahrscheinlich erscheint, daß er die dritte Auflage besaß. Im folgenden benenne ich jene Texte des Bandes, die offensichtliche Spuren im Werk Schmidts hinterlassen haben:

- „Start“. Hier benennt Tucholsky seine Pseudonyme und ihren Hintergrund: „Ignaz Wrobel, Peter Panter. Theobald Tiger. Kaspar Hauser. [...] Eine kleine Wochenschrift mag nicht viermal denselben Mann in einer Nummer haben, und so erstanden, zum Spaß, diese homunculi.“ (S. 10) Schmidt bezieht sich darauf in „Der große Unbekannte“ (BA III/3, S. 200: „Kriegen Sie noch alle Fünf zusammen?: Theobald Tiger, Peter Panter, ja; – Kaspar Hauser, gut; und – und – ? Also nehmen wir Ignaz Wrobel, einverstanden? »In Wirklichkeit« hieß er bekanntlich Kurt Tucholsky, und war, wie Heine, erst Jurist und Bankangestellter gewesen, ehe er einer unserer guten Schriftsteller wurde. [...] Deswegen gesteht auch Tucholsky unbefangen: »Keine Zeitung mag viermal denselben Mann in einer Nummer haben, und so entstanden jene homunculi‹.«) und auch in „Ach, wie gut, daß Niemand weiß ...“ (BA III/4, S. 340: „wenn Tucholsky sich in ein halb Dutzend Panter und Tiger verwandelte, dann hatte das überwiegend kommerzielle, ‹technische› Gründe“).
- „Traktat über den Hund, sowie über Lerm und Geräusch“. Dieser Text enthält die hübsche Formulierung von den „Damen beiderlei Geschlechts“ (S. 39), die Schmidt sich merkt und mehrfach in seinem Werk verwendet: zuerst in „Rudolf Krämer-Badoni: Mein Freund Hippolyt“ (BA III/3, S. 95: „die Pastorentöchter beiderlei Geschlechts“) und

in „Seelandschaft mit Pocahontas“ (BA I/1, S. 432: „so alte Weiber, beiderlei Geschlechts“).[11]

- „Durchaus unpassende Geschichten“. Den Stoßseufzer „Je crois que je serais capable de prendre un chien...“ (S. 70) zitiert Schmidt in „Schwarze Spiegel“: „Und ich zwinkerte der imaginären Angestellten, aber schon ohne Hoffnung, zu: wenn sie bloß hier wäre; je pouvais prendre un chien hatte Tucholsky gesagt.“ (BA I/1, S. 226)
- „An das Publikum“. Die in diesem Gedicht enthaltene Formulierung „Fluch der Mittelmäßigkeit“ (S. 94) zitiert Schmidt in *Das steinerne Herz* in der Variante „Stigma der Mittelmäßigkeit“ (BA I/2, S. 128) erstmals zur Charakterisierung des Nobelpreises.
- „Otto Reutter“. In dieser Hommage zitiert Tucholsky ein Reutter-Couplet: „Da steht vor meine Kommode ’n Mann – / Der sagt: ‚Sie! Fassen Se mal mit an! / Alleene ist mir det Ding zu schwer ...‘ / ‚Ick wunder’ mir über jar nischt mehr‘“ (S. 126); aus diesem Couplet zitiert Schmidt in *Das steinerne Herz* (BA I/2, S. 129: „Line sah unserem rätselhaften Beginnen gefaßt zu, wie wir ihr da die Stubendecke abhoben: ‹Ick wunder’ mir über jar nischt mehr›“[12]) sowie in einem Brief an Eberhard Schlotter vom 30. September 1961[13].

---

[11] Günther Flemming macht mich darauf aufmerksam, daß Schmidt die Formulierung auch schon aus Laurence Sternes *Tristram Shandy* und aus Walter Scotts *Peveril of the Peak* gekannt haben könnte.

[12] Als Hinweis von Werner Stumpff bereits bei Josef Huerkamp, „Im bunten Sargassofilz. Eine Nachlieferung zu ‚Nr. 8. Materialien und Kommentar zu Arno Schmidts Roman ‚Das steinerne Herz‘“, in *Bargfelder Bote*, Lfg. 104-106 / Juli 1986, S. 3-38, hier S. 27.

[13] Vgl. Arno Schmidt, *Der Briefwechsel mit Eberhard Schlotter. Mit einigen Briefen von und an Alice Schmidt und Dorothea Schlotter*,

- „Der Henrige“. In diesem Text findet sich der Ausdruck „ein Scheuel bzw. Greuel“ (S. 127), den Schmidt in seiner Erzählung „Schulausflug“ verwendet (BA I/4, S. 112: „ein Scheuel und Greuel“), und im unmittelbaren Zusammenhang damit die Liedzeile „hopp heißa bei Regen und Wind“ (S. 127), die Schmidt in „Eines Hähers »: Tué!« und 1014“ fallend benutzt: „*Unter* 1000 freilich, da geht’s noch ‹Hop=Heißa bei Regen & Wind›!“ (BA III/4, S. 398)
- „Was wäre wenn...“. Tucholsky benutzt die lateinische Wendung „In hoc signo vinces!“ (S. 151), die sich auch bei Schmidt findet, nämlich in *Brand’s Haide* (BA I/1, S. 119), in „›Winnetous Erben‹“ (BA III/3, S. 468) und in *Zettel’s Traum* (ZT 773 lm).
- „Zeitungsdeutsch und Briefstil“. Dieser Text endet: „‚An einer Seite Prosa wie an einer Bildsäule arbeiten...‘, schrieb Nietzsche. So siehst du aus.“ (S. 153) Das Nietzsche-Zitat benutzt Schmidt im Funkessay „Vom neuen Großmystiker“ (BA II/1, S. 225) und dessen Neufassung „Abu Kital. Vom neuen Großmystiker“ (BA II/2, S. 50), in beiden Fällen allerdings als Teil eines Karl-May-Zitats, so daß eine direkte Einwirkung der Tucholsky-Stelle wohl auszuschließen ist. Die Floskel „So siehst du aus“ findet sich häufig bei Schmidt, so in *Das steinerne Herz* (BA I/2, S. 142), *Die Gelehrtenrepublik* (BA I/2, S. 345) und *Die Schule der Atheisten* (BA IV/2, S. 20), außerdem in der Variante „So seht Ihr aus!“ am Ende der Erstfas-

---

hg. v. Bernd Rauschenbach (Zürich: Haffmans 1991), S. 186 (Nr. 95 v. 30.9.61): „wie sang Otto Reuter immer? : »Ick wunder mir über jar nischt mehr!«.“

sung der „Berechnungen“ (BA III/3, S. 106) sowie wiederum in *Das steinerne Herz* (BA I/2, S. 105).

- „Französischer Witz“. Tucholsky steht in diesem Text „fassungslos vor diesem Gaurisankar“ (S. 166), was womöglich auf die „Seelandschaft mit Pocahontas“ abgefärbt hat: „entsetzen würde man sich, wenn der Gaurisankar über uns drohte!“ (BA I/1, S. 429)
- „Gallettiana“. Dieser Text enthält den plattdeutschen Ausruf „Wat se all maket, die Studenten!“ (S. 167), den Schmidt in authentischerer Notation in „Großer Kain“ verwertet: „wat säi all’ns maket, de Härrn S=tudentn!“ (BA I/3, S. 355)
- „Nachher“. Hier belustigt sich Tucholsky über einen „Klub der Einsamen“ (S. 207); eben dies tut Schmidt im Kreuder-Verriß „Bedeutend; aber ...“ (BA III/3, S. 498: „all diese kuriosen ‹Bünde der Einsamen›“) sowie in „Die Wasserstraße“ (BA I/3, S. 451: „Mit andern Worten: dreimal Besuch im Monat; Devise GANZ EINSAM; ‹Bund der Einsamen›“). Zudem beklagt Tucholsky immergleiche Beischlafpraktiken: „Das sind nicht mehr sie, die dieses Auf und Ab vollführen – das ist ein andres. [...] Tut doch einmal etwas andres! Nein – das Repertoire ist so klein [...] immer dasselbe“ (S. 209); auf diese Stelle bezieht sich Schmidt in *Zettel’s Traum*: „Ìmmerdasselbe! [...] sagt schon TUCHOLSKY“ (ZT 113 mo/ro).

Die meisten der Texte aus *Gruß nach vorn* wurden später in den Auswahlbänden *Zwischen Gestern und Morgen* (1952) und/oder *Panter, Tiger & Co.* (1954) nachgedruckt; dies gilt allerdings nicht für „Durchaus unpassende Geschichten“ und „Der Henrige“, weswegen es als sehr wahrscheinlich gelten darf, daß Schmidt *Gruß nach vorn* rezipiert hat. Als weiterer Tucholsky-Auswahlband erschien 1950 *Na und –?*, für dessen Rezeption durch Schmidt es gar keine Anzeichen gibt.[14]

Ro-Ro-Druck: Günther Weisenborn: *Memorial.* Mit einem Nachwort von Wolfgang Weyrauch. P: Oktober 1948. E: unbekannt.

„Hier ruhte das Bewußtsein der Menschheit", erklärt Weisenborn anläßlich einer Klosterbibliothek und fügt dann noch hinzu: „Es sind die Bibliotheken, die das Gedächtnis der Menschheit darstellen."[15] Arno Schmidt wird später (im Funkdialog „Hundert Jahre" und dem Essay „Meine Bibliothek") die Literatur als „Gedächtnis der Menschheit" (BA II/2, S. 162 u. 164; III/4, S. 367) bezeichnen. Andere Anknüpfungspunkte zur Prüfung einer möglichen Rezeption des Buches durch Schmidt sind die Erwähnung des New Yorker Stadtteils „Hackensack"[16] (eine der Figuren in der *Schule der Atheisten* tauft Schmidt auf den Namen Tim Hackensack) sowie Weisenborns Lob der Weinstuben: „Man tritt müde und nüchtern ein und verläßt sie als Herr der Welt, elastisch, reich und nervig."[17] Zu Beginn von „Schwarze Spiegel" gleitet der Erzähler „mit müder Eleganz, à la Herr der Welt, in die Kurve" (BA I/1, S. 202).

---

14 Vgl. auch Friedhelm Rathjen, „Auf und Ab. Chronologischer Abriss der Tucholsky-Rezeption Arno Schmidts", in *Bargfelder Bote*, Lfg. 288-289 / März 2006, S. 24-34; Nachdruck in Friedhelm Rathjen, *Immerfort mitlebend. Arno Schmidt und die deutsche Literatur des 20. Jahrhunderts* (Südwesthörn: Edition ReJoyce 2011), S. 81-93.

15 Günther Weisenborn, *Memorial* (München: Desch 1947), S. 20, 21.

16 Ebd., S. 173.

17 Ebd., S. 179.

Ro-Ro-Druck: Hans Zehrer: *Der Mensch in dieser Welt.* Mit einem Vorwort von Landesbischof D. Dr. Hans Lilje. P: 1948. E: unbekannt.
Dieses Buch, das in drei Rotationsheften erschien, verschenkte Schmidt einem Tagebucheintrag seiner Frau vom 28. November 1950 zufolge „Aus Rache“ an eine ungeliebte Bekannte der Zeit im Mühlenhof Cordingen.[18]

1949

Marcel Aymé: *Der Mann, der durch die Wand gehen konnte und andere Pariserische Scheherezaden.* P: 1949. E: unbekannt.
Dieses Buch, das noch in Schmidts Nachlaßbibliothek vorhanden ist (BVZ 613), war im Jahr 1950 abendliche Vorleselektüre von Arno und Alice Schmidt.[19] Am 20. November 1954 stand es erneut auf dem Lektüreplan, wie Alice Schmidt in ihrem Tagebuch vermerkt: „V: Aymé: Der Mann d. d. d. Wand gehen konnte mal wieder gelesen. Ist doch recht lustig, diese Einfälle!”[20] Zumindest diese zweite Lektüre der Titelgeschichte des Aymé-Bandes (im Original „Le passe-muraille“ geheißen) hat auf den Text des zu dieser Zeit in Vorbereitung befindlichen Romans *Das steinerne Herz* abgefärbt, wo wir einmal lesen: „Aus der Wand tillerte, Passe-Muraille, das

---

[18] Vgl. „Aus dem Tagebuch Alice Schmidts“, in Susanne Fischer (Hg.), *„Umgängliche Nachbarn erwarten euch“. Zu Arno Schmidts „Die Umsiedler“*, Hefte zur Forschung 3 (Bargfeld: Arno Schmidt Stiftung 1995), S. 67-87, hier S. 71.

[19] Diese und alle weiteren Angaben zu Lektüren (und zum Teil auch zum Erwerb) in der Zeit bis 1950 beruhen auf Mitteilungen von Susanne Fischer (Arno Schmidt Stiftung), die die Tagebücher Alice Schmidts ausgewertet hat. Ich danke Frau Fischer für ihre Hilfe.

[20] Alice Schmidt, *Tagebuch aus dem Jahr 1954*, a.a.O., S. 243 (20.11.54).

Girlbein“ (BA I/2, S. 47).[21] Aymés Text endet mit dem Satz: „In gewissen Winternächten geschieht es, daß der Maler Gen Paul sich mit der Gitarre in die hallende Einsamkeit der Rue Norvins hinauswagt, um den armen Gefangenen mit einem Lied zu trösten, und die Klänge, die unter seinen erstarrenden Händen dahinschwinden, dringen wie Silbertropfen des Mondes in das steinerne Herz.“[22] Mindestens eine Stelle gibt es in Schmidts Roman, an der die Motive dieses Ayméschen Abschlußsatzes (Mondnacht, Einmauerung, Einsamkeit und Leere, dazu die Gitarre) in enger Verschränkung repliziert werden. Im dritten Romanteil, nach dem Schatzfund und vor der Fahrt nach Hannover, blitzt kurz folgende Szene auf: *„Mondnacht: Ein Helles Ausgefranstes,* einbetoniert. [...] *In der leeren Küche* sprangen Gitarrentöne herum; ohne sich um uns zu kümmern.“ (BA I/2, S. 136)[23]

Eine andere Geschichte aus dem Band von Aymé, nämlich „Die Lebenskarte“, dreht sich um eine regierungsamtliche Sparmaßnahme, derzufolge die Existenz von Künstlern und anderen nutzlosen Individuen auf wenige Tage pro Monat rationiert werden soll – Josef Huerkamp hat bereits darauf hingewiesen, daß dieser Grundeinfall

---

[21] Hinweis bei Josef Huerkamp, *Satyrsprünge. Arno Schmidt mit seinem Capriccio „Tina oder über die Unsterblichkeit“* (Darmstadt: Häusser 1997), S. 215.

[22] Marcel Aymé, *Der Mann der durch die Wand gehen konnte und andere pariserische Geschichten*, rororo 339 (Hamburg: Rowohlt Taschenbuch 1959), S. 13. Dies ist eine neugesetzte Ausgabe des Buches; die Paginierung weicht von derjenigen des Schmidtschen Exemplars stark ab.

[23] Vgl. Rathjen, „Ein Bummel durch die Bibliothek“, a.a.O., S. 11 f.; Friedhelm Rathjen, „Von Regal zu Regal. Ein Bummel durch die Bibliothek“, in ders., *Der Bücherfresser. Arno Schmidt als Wiederverwerter* (Scheeßel: Edition ReJoyce 2009), S. 9-38, hier S. 31-33.

auf Arno Schmidts „Tina oder über die Unsterblichkeit“ abgefärbt haben könnte.[24]

Simone de Beauvoir: *Alle Menschen sind sterblich*. P: 1949. E: unbekannt.

Auf diesen Roman bezieht sich Arno Schmidt in seinem 1972 entstandenen Funkdialog „Der Vogelhändler von Imst“. Sprecher A. lobt darin Carl Spindler (BA II/3, S. 378):

> Hier, das ‹DiamantenElixier›, nimmt weitgehend die Einfälle eines modernen französischen Romans vorweg: Vom Unsterblichkeitstrank; und der arme Voreilige muß nun, mit immer abnehmendem Vergnügen, durch die Generationen fort leben; sich die Haare zur Tarnung weiß färben ...“

Darauf entgegnet Sprecherin C.: „Ja, das ist=ä –: das Dings von der Frau vom SARTRE; ‹Alle Menschen müssen sterben› oder so ähnlich. – Das wird aber auch schon so ... nå – 20 Jahre alt sein, Unzeitgemäßester!“

Josef Huerkamp vermutet, Schmidt habe nicht den Roman selbst gelesen, sondern seine Kenntnis vom Inhalt beruhe auf der Verlagswerbung im Anhang zu anderen Rowohlt-Büchern[25]; tatsächlich wird nicht nur – wie Huerkamp anführt – in Wells' *Zeitmaschine*, sondern auch in sehr vielen anderen Verlagstiteln für *Alle Menschen sind sterblich* geworben.

C. W. Ceram: *Götter Gräber und Gelehrte. Roman der Archäologie*. P: November 1949. E: 1949.

Arno Schmidt erhielt das Buch 1949 als Geschenk vom Verlag und las es auch. Bei seinem Wegzug vom Mühlen-

---

[24] Vgl. Huerkamp, *Satyrsprünge*, a.a.O., S. 215.

[25] Vgl. ebd., S. 374.

hof Cordingen schenkte er, wie seine Frau in ihrem Tagebuch unter dem 29. November 1950 vermerkt, sein Exemplar dem stets hilfsbereiten Bekannten Walter Sprenkmann.[26] In Alice Schmidts Nachlaßbibliothek befindet sich ein weiteres Exemplar der Erstausgabe.

Im Entwurf eines Briefes an Alfred Andersch, in dem er seine Erfahrungen mit Rowohlt schildert, erinnert sich Schmidt im Februar 1955 an einen Vorfall, bei dem der Verleger „dröhnend Cerams »Götter, Gräber usw« schwenkte und mir mitleidig riet: »Hier: so was müssen Se ma schreim!«“[27] In *Zettels Traum* bezieht Schmidt sich auf Cerams Buch in Zusammenhang mit beliebten dreiteiligen Aufzählungen in Titeln: „so ‘GÖTTER GRÄBER UND Geleerte’: n allter bestselljer Trikk ...“ (ZT 132 ru).

Dem Erzähler von Schmidts *Gelehrtenrepublik* fällt anläßlich einer ‚fliegenden Maske‘ ein: „Sie sah täuschend aus wie die sumerische Königin Schub=ad, an der ich mich als Schulkind eine zeitlang aufgeregt hatte.“ (BA I/2, S. 266) Rudi Schweikert hat bereits darauf hingewiesen, daß eine Abbildung dieser Königin im Vorsatz von Cerams Buch wiedergegeben ist und offenbar Schmidts Bildvorlage für die Passage der *Gelehrtenrepublik* war.[28]

---

[26] „Aus dem Tagebuch Alice Schmidts“, a.a.O., S. 71 f. Zur Identifizierung der mit „Spr.“ abgekürzten Person vgl. ebd., S. 69.

[27] Arno Schmidt, *Der Briefwechsel mit Alfred Andersch. Mit einigen Briefen von und an Gisela Andersch, Hans Magnus Enzensberger, Helmut Heißenbüttel und Alice Schmidt*, hg. v. Bernd Rauschenbach (Zürich: Haffmans 1985), S. 47 (Nr. 43 v. Februar 1955).

[28] Vgl. Rudi Schweikert, „Aus Arno Schmidts Bildergalerie (VI): ‚Ganz wie bei Muttern‘. Die Königin Schub=ad aus der ‚Gelehrtenrepublik‘, die Urszene und ein Schuß Sadomasochismus“, in *Bargfelder Bote*, Lfg. 209-211 / August 1996, S. 3-22, hier S. 6.

Curt Goetz: *Tatjana. Eine Legende.* P: August 1949. E: unbekannt.

In *Sitara* erwähnt Schmidt dieses Buch: „»[...] *Wäre es kein Pferd sondern ein Mensch gewesen*« hätte man sich vielleicht an NABOKOV's ‹Lolita› oder GÖTZ'ens ‹Tatjana› erinnert, najana.“ (BA III/2, S. 127) Eindeutige Belege für eine Textkenntnis Schmidts sind nicht ersichtlich, doch zumindest möglich scheint, daß eine Stelle, an der die Bedienung eines Lichtschalters mit einem Schock einhergeht („Ich suchte an der Wand des Entrees nach dem Schalter. Im gleichen Augenblick, als ich das Licht anknipste, hörte ich irgendwo in der Wohnung einen tiefen, tiefen Ton, der mich albernerweise bis ins Mark erschrecken ließ“[29]), auf das Ende von *Kaff* abgefärbt haben könnte: „*Sie schlank* den Arm ums Haupd, als emmfinge Sie 1 Schlack! (Dabei hatte ich leedicklich meine Haustür=Lampe angeknipst.)“ (BA I/3, S. 277)

Leo Slezak: *Meine sämtlichen Werke.* [Und:] *Der Wortbruch.* P: 1949. E: unbekannt.

Nachauflage (256.-275. Tsd.) der bereits 1934 bei Rowohlt erschienenen Komplettausgabe beider Memoirenbände des 1946 gestorbenen Opernsängers. 1949 erregt sich Schmidt in dem für die *Wundertüte* gedachten Brief an „Herrn Dr. Walter Ziesemer“ über die Unfähigkeit der Verlage, die Perlen der Romantik nachzudrucken: „Aber Hjalmar Schachts Erinnerungen, Leo Slezak: dafür gibt's Papier genug!“ (BA III/3, S. 82) Zwei Jahre später formuliert Schmidt in seiner Rezension „Rudolf Krämer-Badoni: Mein Freund Hippolyt“ nochmals hämisch: „Jedenfalls schließt das Büchlein aufs aparteste die so lange schmerzlich gefühlte Lücke seit Schleich und Slezak; denn der

---

[29] Curt Goetz, *Tatjana. Eine Legende*, rororo 734 (Reinbek: Rowohlt Taschenbuch 1965), S. 69.

Ton der höheren Abderiten ist so frappant getroffen, daß ein kleiner Erfolg gewiß ist.“ (BA III/3, S. 95) Noch zwei Jahre später schreibt Schmidt an Alfred Andersch im Rahmen einer Rowohlt-Beschimpfung: „wie sollte auch einem Schmidt nachtrauern, wer Slezak und Bronnen hat?!“[30]

Wenngleich Schmidts Abscheu vor dem Buch Slezaks mithin nicht zu übersehen ist, können wir nicht ausschließen, daß er es doch las und sich womöglich sogar davon zu eigenen Formulierungen anregen ließ. Der mehrmals von Slezak erwähnte „Kollege Erik Schmedes“ (S. 118, 135, 192, 256) erinnert daran, daß in Schmidts Erzählung „Schwänze“ eine Figur Caspar Schmedes heißt. Das Buch schließt mit einem „Schlußwort“, in dem Slezak unter Bezug auf seine Korrespondenz mit dem Rowohlt-Verlag unter anderem schreibt: „Darf ich angesichts dieser Unsicherheit meine Leser wieder bitten, mir zu schreiben? [...] Sollte sich aber unter den vielen entrüsteten Lesern e i n gutherziger, n i c h t entrüsteter finden, so möge er mir schreiben. [...] Leser! – Noch eine Bitte.“ (S. 271 f.) Wie ein Gegenentwurf dazu lesen sich die Formulierungen, die Schmidt unter der Überschrift „An den Leser!“ seiner *Wundertüte* voranstellen wollte: „Eine Bitte: sollten Sie Eines der nachstehend aufgeführten Bücher besitzen und selbst nicht benötigen, so würden Sie, es mir zur Verfügung stellend, meine künftigen Arbeiten recht fördern [...]. Und bedenken Sie auch, daß, wenn ich Gutes für Sie schreiben soll, Sie nicht an mich schreiben dürfen“ (BA III/3, S. 48).

---

[30] Schmidt, *Der Briefwechsel mit Alfred Andersch*, a.a.O., S. 50 (Nr. 45 v. 1.3.55). – Etwas freundlicher formuliert Schmidt den selben Sachverhalt in einer dem Schreiben an Andersch beigegebenen Briefversion, die Rowohlt zu sehen bekommen soll; vgl. ebd., S. 51 (Nr. 46): „so gut wie Slezak oder Bronnen waren die »Umsiedler« oder »Kosmas« doch wohl auch!“

Freya Stark: ***Die Südtore Arabiens. Eine Reise in Hadhramaut.*** **P: 1948. E: 1949.**
Freya Stark: ***Das Tal der Mörder. Persische Reisen.*** **P: September 1949. E: 1949.**
Beide Bände bekam Schmidt von Rowohlt, und beide las er auch, wie seine Frau in ihrem Tagebuch vermerkt.

1950

Clarence Day: ***Unser Herr Vater.*** **P: 1949. E: 1950.**
Nachdruck der Übersetzung Hans Falladas, die bereits 1936 bei Rowohlt erschienen war. Schmidt erhielt das Buch als Geschenk von Rowohlt, wie seine Frau in ihrem Tagebuch vermerkt.

Walter Jens: ***Nein – Die Welt der Angeklagten.*** **P: 1950. E: 1950.**
Ausweislich des Tagebuchs seiner Frau bekam Schmidt dieses Buch im Jahr des Erscheinens von Rowohlt geschenkt. Schmidt läßt dem Roman die Ehre zuteil werden, daß es in „Schwarze Spiegel" von Lisa (die freilich sonst eher zweifelhafte Lektüre schätzt) gelesen wird (BA I/1, S. 250); mit einem eigenen Urteil hält Schmidt sich an jener Stelle zurück, doch bekommt er anläßlich des Erscheinens der Taschenbuchausgabe im Februar 1954 einen Wutausbruch, wie seine Frau in ihrem Tagebuch vermerkt: „2 RoRoRo darunter Jens' »Nein«. Nu schlugs vollends ein: Jens mit seinem Mist hat sicher 5000 dafür gekriegt."[31]

[31] Alice Schmidt, *Tagebuch aus dem Jahr 1954*, a.a.O., S. 38 (22.2.54).

Walther Kiaulehn: *Feuerwerk bei Tage*. P: Januar 1948. E: 1950.

Laut Tagebuch seiner Frau bekam Schmidt dieses Buch Kiaulehns (der ein Freund Ernst Rowohlts war) vom Verlag geschenkt.

Diese Sammlung feuilletonistischer Gelegenheitstexte aus den Bänden *Lehnaus Trostfibel und Gelächterbuch* (1932) und *Lesebuch für Lächler* (1938) enthält in dem 1936 entstandenen „Traktat über den Wind“ folgende Passage (S. 235):

> In der Mathematik gibt es das sogenannte Fermatische Problem. Das Fermatische Problem besteht darin, für die Behauptung einen Beweis zu führen, daß die Summe zweier dritter Potenzen niemals wieder eine dritte Potenz ergeben kann. Der Mathematiker Fermat ist, wenn man den Berichten seiner Zeitgenossen Glauben schenken darf, im Besitz der Lösung dieses Problems gewesen. Er hatte den Beweis für seine Behauptung geführt. Es soll ein äußerst einfacher Beweis gewesen sein. Fermat war von der Einfachheit der Lösung so überrascht, daß er den Zettel, auf dem er seinen Beweis niedergeschrieben hatte, zerriß und die Fetzen in alle Winde zerstreute. Das ist viele hundert Jahre her. Aber noch heute zergrübeln sich die Mathematiker die Köpfe darüber, was wohl auf dem Zettel gestanden haben mag, den Fermat so verachtungsvoll von sich geworfen hatte.

Der Erzähler von Schmidts „Schwarze Spiegel“ nimmt sich bekanntlich einen „großen Bogen“ und führt „rasch“ den erwünschten Beweis: „Flink zogen sich die Symbole aus dem Bleistift, und ich murkste munter so weiter: das muß man sich mal vorstellen: ich löse das Problem des Fermat! (Aber die Zeit verging vorbildlich dabei).“ (BA

I/1, S. 231 f.) „Schwarze Spiegel“ endet: „Auch Wind kam auf. Wind.“ (BA I/1, S. 260) Man mag drüber spekulieren, ob ein Zusammenhang mit Kiaulehns „Traktat über den Wind“ besteht, der folgendermaßen endet: „Es kommt ein Wind und weht alles um. / Hüten wir uns vor den schwarzen Winden des Schicksals.“ (S. 236)

Kurt Kusenberg: *Der blaue Traum und andere sonderbare Geschichten*. P: 1949. E: 1950.

Es handelt sich hier um die zweite Auflage (6.-9. Tsd.) eines schon 1942 erschienenen Buchs. Schmidt bekam es ausweislich des Tagebuchs seiner Frau 1950 vom Verlag und benutzte es als abendliche Vorleselektüre.

Am 4. Februar 1958 schreibt Schmidt in einem Brief an Kusenberg: „Nicht minder möchte ich Ihnen für den ermutigenden Zuspruch hinsichtlich meiner eigenen Bücher danken: wenn der Verfasser der ‚Ruhelosen Kugel‘, des ‚Blauen Traums‘ oder der ‚Schlechten Schüler‘ mich für was Rechtes hält; dann besteht zumindest die Möglichkeit, daß dem so ist.“[32] Zwei der von Schmidt genannten Erzählungen sind in diesem Band enthalten, nämlich „Schlechte Schüler“ (S. 7-11) und die Titelgeschichte „Der blaue Traum“ (S. 34-59); „Die ruhelose Kugel“ stammt aus dem Band *Mal was andres* (1954), in dem auch „Schlechte Schüler“ wieder abgedruckt ist.

Raymond Peynet: *Verliebte Welt. Ein Bilderbuch für Liebende und andere Optimisten*. Aus dem Französischen übertragen und mit einem Vorwort versehen von Kurt Kusenberg P: 1949. E: 1950.

Laut Tagebuch seiner Frau bekam Schmidt dieses Buch im Jahr nach dem Erscheinen vom Verlag; das Exemplar

---

[32] Faksimile in Kurt Kusenberg, *Zwist unter Zauberern*, rororo 22202 (Reinbek: Rowohlt Taschenbuch 1998), S. 261.

hat sich in der Bibliothek Alice Schmidts erhalten, ebenso wie ein späteres Buch Peynets, *Aus lauter Liebe. Ein Bilderbuch für zärtliche Leute*, das 1953 bei Rowohlt erscheint.

Urban Roedl: *Matthias Claudius. Sein Weg und seine Welt*. P: 1950. E: November 1950.
Dieses Buch, das Schmidt ausweislich des Tagebuchs seiner Frau im Jahr des Erscheinens vom Verlag erhielt, steht noch in seiner Nachlaßbibliothek (BVZ 159.2). Schmidt schrieb dazu 1955 unter dem Titel „Notwendige Berichtigung der Legende vom braven Mann; zugleich eine nachdenkliche Probe verschiedenartiger Geschichtsauffassung“ eine ausführliche Rezension (BA III/3, S. 246-253).

Jean-Paul Sartre: *Zeit der Reife. Roman*. P: 1949. E: 1950.
Wie seine Frau im Tagebuch vermerkt, erhielt Schmidt dieses Buch 1950 von Rowohlt, gab es später jedoch im Rahmen eines Tauschhandels wieder weg.

Von Sartre erschienen im fraglichen Zeitraum bei Rowohlt noch etliche weitere Bücher, die recht erfolgreich verkauft wurden: schon 1949 außer *Zeit der Reife* noch der Roman *Der Ekel* sowie der Sammelband *Dramen*, 1950 der Roman *Der Aufschub*, der Erzählungsband *Die Mauer* und der Essay *Was ist Literatur?*, 1951 der Roman *Der Pfahl im Fleische* und der Dramenband *Der Teufel und der liebe Gott*, 1952 die Schrift *Das Sein und das Nichts* und als rororo 59 die ‚Drehbucherzählung‘ *Das Spiel ist aus*, 1953 der Essay *Baudelaire*, 1954 das Drama *Kean oder Unordnung und Genie*. Ob Schmidt davon etwas gelesen hat, ist eher zweifelhaft; 1950 läßt er den Erzähler von *Brand's Haide* sagen: „lesen Sie Maximilian Klinger: Geschichte Raphaels de Aquillas: das ist ein

Buch! Nicht wie Sartres Gelumpe!“ (BA I/1, S. 163) Wenn Martina in *Abend mit Goldrand* bekennt, „von Proust und Sartre weiß ich so wenig, wie jener Weih dort, in den Lüft’n!“ (BA IV/3, S. 17), so könnte dies in Sachen Sartre durchaus auch Schmidts eigenen Kenntnisstand charakterisieren. Das einzige Buch Sartres, auf das Schmidt sich – in dem Verne-Essay „Das Leptothe=Herz“ von 1972 – explizit bezieht, ist *Die Wörter* (BA III/4, S. 452), ein Buch, das allerdings erst 1964 im Original und im Folgejahr dann in deutscher Übersetzung erschienen ist.

Bereits im Frühjahr 1949 hat Schmidt eine erste Attacke auf Sartre geritten; in dem *Wundertüten*-Brief an „Herrn Dr. Walter Ziesemer“ lautet die Liste von Büchern, für die die Verlage skandalöserweise genügend Papier herausrücken, nämlich zunächst „Hjalmar Schachts Erinnerungen; Sartre, Thomas Mann“, wird dann aber korrigiert zu „Hjalmar Schachts Erinnerungen, Leo Slezak“[33].

Wolfgang Weyrauch (Hg.): *Tausend Gramm. Sammlung neuer deutscher Geschichten.* P: 1949. E: 1950.
Laut Tagebuch seiner Frau erhielt Schmidt diese Anthologie im Jahr nach Erscheinen vom Rowohlt-Verlag. Unter dem 26. November 1950 vermerkt sie dann, daß das Buch während der Vorbereitung des Auszugs aus dem Mühlenhof Cordingen weiterverschenkt wurde.[34]

Falls Schmidts Zusammenstellung der geringen Habe des Erzählers von *Brand’s Haide* von Günter Eichs Gedicht „Inventur“ beeinflußt sein sollte, wie dies Heinrich Schwier nahelegt[35], so wäre Weyrauchs Nachwort in *Tausend Gramm* eine mögliche Quelle für die Kenntnis

---

[33] Mitteilung im Varianten-Apparat zur Bargfelder Ausgabe, Bd. III/3 (Zürich: Haffmans 1995), S. 509

[34] „Aus dem Tagebuch Alice Schmidts“, a.a.O., S. 69.

[35] Vgl. Schwier, *Lore, Grete & Schmidt*, a.a.O., S. 42.

des Gedichts, denn „Inventur“ wird dort von Weyrauch komplett zitiert (S. 215).

Wolfgang Weyrauch: ***An die Wand geschrieben. Gedichte.*** **P/E: Oktober 1950.**
Schmidt erhielt dieses Buch anläßlich eines Verlagsbesuchs am 24. Oktober 1950 druckfrisch vom Autor überreicht.[36] Das von Weyrauch mit einer Widmung versehene Exemplar ist noch in Schmidts Nachlaßbibliothek vorhanden (BVZ 472), vielleicht auch als Eigenbeleg, denn im Anhang des Bandes findet sich eine Werbeseite für Schmidts im Vorjahr erschienenen Erstling *Leviathan.*

Eines der Gedichte dieses Bandes, „Der Regen“ (S. 18), enthält in der Zeile „Ich fror, der Wind vom Hügel ward oktobern“ den von Schmidt geliebten Herbstmonat als Adjektiv, wie es schon Schmidt selbst in *Brand's Haide* verwendet (BA I/1, S. 164: „schweigend waren von Norden, Nordwesten, Nordosten her die grauen oktobernen Weben über mich Knaben gekommen“). Allerdings ist sehr unwahrscheinlich, daß Weyrauch sich hier von Schmidt hat anregen lassen, denn die Arbeit an *Brand's Haide* schloß Schmidt erst im September 1950 ab, und selbst wenn Weyrauch das Manuskript dann sofort zu sehen bekommen hätte, wäre es für ein Abfärben auf den kurz darauf erschienenen Gedichtband wohl doch schon zu spät gewesen.

In dem kurzen Aufsatz „Reim' Dich, oder ich freß' Dich!“ von 1957 zitiert Schmidt einige Zeilen aus einem Gedicht Weyrauchs (BA III/3, S. 345); allerdings handelt es sich dabei nicht um einen Text aus *An die Wand ge-*

---

[36] Vgl. Alice Schmidt, „Schlemmen mit Rowohlt. Tagebuchaufzeichnung vom 24. 10. 1950“, in Vincent Klink, Stephan Opitz (Hg.), *Die Rübe. Magazin für kulinarische Literatur*, Nr. 1 (Zürich: Haffmans 1988), S. 118-123, hier S. 119.

schrieben, sondern um das Titelgedicht des 1956 ebenfalls bei Rowohlt erschienenen Gedichtbandes *Gesang um nicht zu sterben*.

Thomas Wolfe: *Vom Tod zum Morgen*. P: 1949. E: unbekannt.
Thomas Wolfe: *Es führt kein Weg zurück. Roman*. P: 1950. E: unbekannt.
Alice Schmidt vermerkt 1950 in ihrem Tagebuch, Schmidt habe einen Wolfe-Band als Geschenk von Rowohlt erhalten, gibt aber keinen Titel an; es dürfte sich jedoch um eines dieser beiden Bücher gehandelt haben.

rororo 1: Hans Fallada: *Kleiner Mann – was nun? Roman*. P/E: Mai / Juni[37] 1950.
Der Erhalt als Freiexemplar wird von Alice Schmidt in ihrem Tagebuch erwähnt; das Exemplar ist in Schmidts Nachlaßbibliothek vorhanden (BVZ 365.1). Im September 1952 liest Schmidt das Buch, ist aber, wie Alice Schmidt im Tagebuch vermerkt, mit der Zeichnung des Helden nicht ganz zufrieden.[38]

---

[37] In den ersten vier rororo-Taschenbüchern ist als Erscheinungsmonat der Mai 1950 angegeben; in späteren Publikationen heißt es jedoch stets, die ersten Bände der neuen Reihe seien am 17. Juni herausgekommen. Der Widerspruch erklärt sich möglicherweise daraus, daß der Rowohlt-Verlag 1950 in einer Finanzkrise steckte – es mag sein, daß sich die Produktion und Auslieferung der ersten Taschenbücher dadurch verzögerte. Vgl. „Geschichte um Geschichten", in *Was sie schreiben. Wie sie aussehen* (Hamburg: Rowohlt Taschenbuch 1954), unpaginiert. – Ich danke Winand Herzog, Thomas Christian Dietz und Jens Jochumsen für Hinweise zum frühen Rowohlt-Programm.

[38] Vgl. Josef Huerkamp, *Der Landschafter auf der Höhe. Arno Schmidt in Kastel 1951-1955* (Dresden: Neisse 2008), S. 39.

Einige kleinere Echos auf diesen Roman hat Josef Huerkamp in *Das steinerne Herz* gefunden.[39] In seinem Aufsatz „Der Dichter und die Mathematik“ von 1957 erklärt Schmidt: „Hans Fallada, so zeitlos und gegenwartsnah seine unvergängliche Frage, »Kleiner Mann, was nun?«, auch sein mag, verabscheute dennoch alles Mathematikähnliche.“ (BA III/3, S. 358) Schon im Jahr zuvor hat Schmidt Fallada in „Goethe und Einer seiner Bewunderer“ partiell gelobt (BA I/2, S. 204: „Vom Material her vielleicht noch Fallada, düster und ehrlich“), wobei allerdings unklar bleibt, auf welche Werke Falladas er sich bezieht; spätere Fallada-Erwähnungen Schmidts scheinen hauptsächlich von dessen Gefängnisroman *Wer einmal aus dem Blechnapf frißt* (1952 als rororo 55) ausgelöst. Nicht identifizierte Fallada-Bezüge finden sich in *Sitara* (BA III/2, S. 97: „Und Diejenigen, die immerfort sagen, sie machten ’s eigentlich gar nicht gerne, Die machen ’s ((laut FALLADA)) am allerliebsten!“) sowie *Abend mit Goldrand* (BA IV/3, S. 228: „›LaubenKolonien‹ à la FALLADA“). Keineswegs auszuschließen ist, daß Schmidt schon vor dem Krieg mit Falladas Werk vertraut war; zudem erschien 1950 bei Rowohlt der Roman *Der Trinker*.

rororo 4: Kurt Tucholsky: *Schloß Gripsholm*. P/E: Mai/Juni 1950.

Alice Schmidt erwähnt den Eingang des Freiexemplars 1950 in ihrem Tagebuch.

Für die Vermutung von Jörg Drews, Schmidt habe das Buch „wahrscheinlich nach 1945“ in der „Ausgabe als

---

[39] Vgl. Josef Huerkamp, *„Die Große Kartei“*, Handbuch zu Arno Schmidts Roman *Das steinerne Herz*, in Vorbereitung.

Rotationsdruck des Rowohlt-Verlages" gelesen[40], spricht nach heutigem Kenntnisstand nichts; die Rotationsausgabe erschien bereits 1946, doch Hinweise für eine Kenntnis des Textes finden sich bei Schmidt erstmals in *Aus dem Leben eines Fauns*. Früh in Tucholskys Buch ist die Rede von „Landrat Ludwig von der Decken" und einem nach ihm benannten „alten räudigen Hund, und den nannte er Lurwich" (S. 19); „Dr. von der Decken" (BA I/1, S. 305) heißt auch der Landrat im *Faun*, und anderswo in Schmidts Roman ist die Rede von einem Hund, der von seinem Halter „Bismarck" genannt wird, um Gelegenheit zu bieten, straflos auf den verhaßten Preußenpolitiker schimpfen zu können (BA I/1, S. 341).[41] Ein kulinarischer Witz in Tucholskys Text (S. 30: „‚Die Bouillon [...] sieht aus wie Wasser in Halbtrauer!' – ‚So schmeckt sie auch.'") könnte Schmidt animiert haben, in *Die Umsiedler* einen ähnlichen Witz anzubringen (BA I/1, S. 275: „Sieht nach Regen aus [...] Schmeckt auch so"), und der von Tucholsky erwähnte „Herrgott von Bentheim!" (S. 122) taucht in Schmidts Erzählung „Die Wasserlilie" wieder auf (BA I/4, S. 15). Das alles mögen zufällige Übereinstimmungen sein; wohl kein Zufall ist es jedoch, wenn Schmidt in seinen Epigrammen „Auf Arno Schmidt's ‹Rosen & Porree›" das „Sprüchwort" anführt: „Ehe sei mehr noch als nur vier nackte Beine im Bett" (BA I/4, S. 181); in *Schloß Gripsholm* nämlich hat er lesen können: „Bei uns zu Hause sagen sie immer: Zur Heirat gehört mehr als nur vier nackte Beine ins Bett." (S. 87)

---

40 Jörg Drews (Hg.), „Ausstellung zu Leben und Werk Arno Schmidts in der Universitätsbibliothek Bielefeld: Katalog und Dokumentation", in *Bargfelder Bote*, Lfg. 110-112 / Januar 1987, S. 3-41, hier S. 28.

41 Nachweise bereits bei Dieter Kuhn, *Kommentierendes Handbuch zu Arno Schmidts Roman „Aus dem Leben eines Fauns"* (München: edition text + kritik 1986), S. 25, 149.

rororo 5: Ernest Hemingway: *Fiesta*. P/E: Juli 1950. Alice Schmidt erwähnt auch dieses Buch in ihrem Tagebuch als von Rowohlt zugesandtes Freiexemplar.

Als *Fiesta* erscheint, schreibt Schmidt gerade an *Brand's Haide* und baut offenbar sogleich einen Seitenhieb auf den vielbejubelten Amerikaner in seinen Text ein: „was Euch rasend interessiert: Swing, Film, Hemingway, Politik: stinkt mich an." (BA I/1, S. 165) Im Jahr darauf holt er in „Schwarze Spiegel" noch etwas weiter aus; als der Erzähler des Textes seine Geliebte Lisa dabei erwischt, daß sie Hemingway (in den für die rororo-Taschenbücher typischen „plakatischen Umschlägen") liest und sehr goutiert, kommt er (BA I/1, S. 251)

> zum halben Bewußtsein [s]einer Aufgabe ‹Hemingway, sowohl Fiesta als auch Haben und Nichthaben.› [...] Wird diesmal noch mehr geschossen? [...] Oder geboxt: Jubeltrubelheiterkeit? Die Welt besteht doch nur aus Barmixern, Menschenschmugglern, Veterans; kein Mädchen ohne Nymphomanie; Autofuhren: Gott, muß Amerika schön sein!

Fiesta spielt in Frankreich unter Ex-Boxern und Veteranen; die weibliche Hauptperson Brett, die früher oder später mit dem Großteil des männlichen Personals liiert ist, himmelt einen Stierkämpfer mit den Worten „Mein Gott, ist das ein Prachtkerl" (S. 114) an, die womöglich auf Lisas Hemingway-Schwärmerei (BA I/1, S. 251: „Ja: das ist ein Mann") abgefärbt haben; „ein Mann" (mit Vornamen Thomas geheißen) wird im übrigen im Werbeanhang von *Fiesta* mit den Worten zitiert, der frühere Hemingway-Band *In einem andern Land* sei „ein wahrhaft männliches Buch". Ob Schmidt *Fiesta* (oder andere Texte Hemingways) tatsächlich gelesen hat, ist keineswegs ausgemacht; für ihn ist Hemingway einer der weithin gelobten zeitgenössischen Amerikaner, die er grundsätzlich nicht schätzt und über deren Texte er aus den Klappentexten womöglich schon genug erfährt, um sich ein abfälliges Urteil erlauben zu können.

Einige nicht identifizierte (und definitiv weder aus *Fiesta* noch aus *Haben und Nichthaben* stammende) Hemingway-Formulierungen zitiert Schmidt späterhin in „Eberhard Schlotter: Das zweite Programm" (BA II/3, S. 19: „Hemingway hat es geschrieben: ‹Die Deutschen sind die besten Soldaten der Welt!›"), *Sitara* (BA III/2, S. 270: „Umschreibungen für ‹eine große Menge› wie ‹more than cunts in Texas› (HEMINGWAY) verwendet STIFTER nicht") und *Abend mit Goldrand* (BA IV/3, S. 248: „›Das Adjektiv der Feind des Substantivs‹ wie KREUDER mal verkündete: erstens hatte er's von HEMINGWAY, (Der auch nichts von Literatur verstand); zweitens stammt's von VOLTAIRE; und drittns iss es Quatsch"); diese Zitate klingen zumindest zum Teil so, als habe Schmidt sie in Drittquellen aufgelesen.

rororo 6: Honoré de Balzac: *Oberst Chabert*. P/E: Juli 1950.

Die Zusendung des Buches durch den Verlag wird von Alice Schmidt in ihrem Tagebuch erwähnt.

Eine Lektüre durch Schmidt ist nicht nachweisbar; er schätzte den Autor wenig und begründete dies erstmals in *Aus dem Leben eines Fauns* (BA I/1, S. 375 f.):

> Balzac, Balzac: kein Dichter; kein Verhältnis zur Natur (das wichtigste Kriterium!). Nur alle 20 Seiten einmal etwas wirklich Gutes, eine präzise Formulierung, ein suggestives Bild, eine Initialzündung der Fantasie. Wie lächerlich z.B. seine ewigen, 2 unbeholfene Druckseiten langen, Beschreibungen von den Boudoirs der Haute Volée!: vermag Einer die Scherben solch un-

> sinnigen Puzzle-Spiels zusammenzusetzen? Und so oft Gestalten, Motive, Situationen wiederholt, wie nur je ein Vielschreiber. Männer gelingen ihm nie; nur Incroyables, Geizhälse, Journalisten, giftmischende Portiers (wie wohltuend dagegen selbst Cooper und Scott). Seine Frauen: Kurtisanen oder Mauerblümchen. Psychologie??: o mei!!: den einzigen ‹Anton Reiser› geb ich nicht für Balzac und Zola zusammen!

Als Prototyp des literarischen Realisten führte Schmidt Balzac weniger gern an als den im Rowohlt-Programm nicht vertretenen Zola – so etwa anläßlich seines Versuchs, Alfred Andersch den *Ruodlieb* schmackhaft zu machen: „Das Ding ist von einem Realismus wie Zola und Bahnwärter Thiel zusammengenommen“[42].

rororo 7: Knut Hamsun: *Mysterien*. P/E: August 1950. Auch der Eingang dieses Buches als Freiexemplar wird von Alice Schmidt in ihrem Tagebuch vermerkt.

Heinrich Schwier zufolge könnte die Handlung von Hamsuns Roman auf Schmidts *Brand's Haide* abgefärbt haben[43]; tatsächlich ließen sich wohl sogar noch mehr Parallelen der äußeren Fabeln beider Texte benennen, als Schwier sie aufführt (beide Texte setzen beispielsweise mit dem Eintreffen des fremden Protagonisten an einem ländlichen Schauplatz ein), doch war Schmidt mit der Niederschrift von *Brand's Haide* schon viel zu weit gediehen, als das Hamsun-Taschenbuch erschien, als daß er wichtige Impulse aus einer möglichen Lektüre hätte gewinnen können. Die Neuausgabe der *Mysterien* nur wenige Jahre nach jenem Krieg, in dem Hamsun in Schmidts Augen fast jeden Kredit verspielt hat, löst

---

[42] Schmidt, *Der Briefwechsel mit Alfred Andersch*, a.a.O., S. 145 (Nr. 162 v. 19.12.57).

[43] Schwier, *Lore, Grete & Schmidt*, a.a.O., S. 23.

freilich in *Brand's Haide* sogleich einen deutlichen Kommentar aus (BA I/1, S. 177):

> Mit der Post wieder lange Bücherprospekte: drucken jetzt bloß 20–30 Jahre alte anerkannte Schlager. Manche davon leidlich (dennoch ist seit Stifter und Storm unsere Literatur tot); meistens aber nur Zuhälter der Poesie. Hamsuns »Mysterien« eins der leidlichen; und ich erinnerte mich: hat aber, was man technisch »überentwickelte« Charaktere nennen könnte – nicht weil ihm etwa übermenschlich große Individualitäten gelängen, Gott bewahre! – aber zu lang ist das Alles: man weiß von den Personen nach 300 Seiten nicht mehr, als man schon nach 100 wußte; das nenne ich überentwickelt, oder einfacher gesprochen: zu viel planloses Gequätsch. Idji! (Ich lobe mir den Gordon Pym: wo solche Kraken auftauchen, ist Tiefsee; beim Nazi Hamsun nicht. – Ich seh ihn immer noch, wie er, stöckchenschwingend, schon 80 und immer noch nicht gescheut, die deutsche Besatzung hofiert, ihre U-Boote besichtigt, und für die »blonde Bestie« schwärmt. Auch als Dichter kann er wenig: Vielleicht begründe ichs später ausführlich; jetzt bin ich krank: also nochmals: idji!)

rororo 8: Rudolf Brunngraber: *Radium. Roman eines Elements*. P/E: August 1950.

Dies ist bis auf weiteres das letzte rororo-Taschenbuch, dessen Zusendung als Freiexemplar durch den Verlag Alice Schmidt in ihrem Tagebuch vermerkt. Eine Lektüre durch Schmidt ist nicht nachweisbar, auch wenn der Titelbegriff von Brunngrabers Buch in *Brand's Haide* auftaucht: „Witzig war unsre 46er Welt, was: nicht etwa wohlschmeckend, oder hochreinigend, oder mit Radium G – nee, nee: man bloß unschädlich!" (BA I/1, S. 162)

rororo 13: Ernst von Salomon: *Boche in Frankreich*. P/E: Oktober 1950.

Schmidt erwähnt den Autor dieser Erzählung in seiner Übersetzungskritik „Der Bogen des Odysseus", allerdings auf eine Weise, die keinerlei Rückschlüsse auf eine eventuelle Lektüre des Buches zuläßt: „nun kann man ja Ernst von Salomon loben, wenn man mag; aber Goyert ist meines Wissens der Erste, der in seiner Verehrung so weit geht, zu behaupten, daß Jener auch die Sprache der Tiere verstünde!" (BA II/2, S. 23)

1951

Ernest Hemingway: *Haben und Nichthaben. Roman*. P: 1951. E: unbekannt.

Schmidt erwähnt neben *Fiesta* auch diesen Roman in „Schwarze Spiegel". Lisas Urteil „Ja: das ist ein Mann" und die Erwähnung von „Menschenschmugglern" (BA I/1, S. 251) könnten sich auf *Haben und Nichthaben* beziehen, in dem es unter anderem um Menschen- und Alkoholschmuggel geht und dessen Held Harry Morgan laut Klappentext „in der männlichen Welt Hemingways der männlichste und wagemutigste Charakter" (S. 2) ist. Der Roman beginnt mit einer Schießerei; im späteren Handlungsverlauf verläßt eine Frau ihren Mann (einen Schriftsteller) und erklärt die Wahl ihres neuen Liebhabers (eines Professors) mit den Worten: „Er ist ein Mann." (S. 115)

rororo 21: William Faulkner: *Wendemarke. Roman*. P/E: Februar 1951.

Die Lektüre dieses (von Georg Goyert eher uninspiriert übersetzten) Romans aus dem Fliegermilieu ergibt keinerlei konkrete Hinweise darauf, daß Schmidt den Text gekannt haben könnte. Allerdings beteuert Schmidt, als er ein knappes Jahrzehnt später recht mißmutig Faulkners frühe *New Orleans Sketches* übersetzt: „Daß FAULKNER später wesentlich Besseres geleistet hat, ist mir bekannt."[44] Im fraglichen Zeitraum erschienen bei Rowohlt von Faulkner außerdem noch die Romane *Absalom, Absalom!* (1948) und *Licht im August* (im Mai 1949 als Rotationsdruck mit einem Nachwort von Ernst Kreuder, 1955 dann als Hardcover).

Gekannt und verwertet hat Schmidt zumindest das, was er in der Rubrik „Zu diesem Buch" im Vorsatz von *Wendemarke* über Faulkner lesen konnte: „ist er neben Ernest Hemingway und Thomas Wolfe in Deutschland der führende Repräsentant der neueren amerikanischen Literatur geworden. [...] lenkt dieser große Dichter die zwei männlichen Hauptgestalten des Romans und ihren weiblichen Partner so tief von innen her, wie wir es sonst nur bei Dostojewskij und Conrad kannten." Uwe Schwagmeier[45] hat bereits darauf hingewiesen, daß Schmidt genau diese Namensreihe Faulkner / Hemingway / Wolfe (die komplett aus Rowohlt-Autoren besteht) in „Schwarze Spiegel" aufgreift und stellvertretend für die zeitgenössische amerikanische Literatur niedermacht: „‹Hemingway, sowohl Fiesta als auch Haben und Nichthaben.› »Nee,« lehnte ich ab, »ich bin mehr für die Spitzen der US-Entwicklung, so Poe und Cooper: was soll ich da mit dem missing link – ?«. »Und Wolfe und Faulkner?«. »Und Wolfe und Faulkner.«" (BA I/1, S. 251)

---

44 Schmidt, *Der Briefwechsel mit Alfred Andersch*, a.a.O., S. 215 (Nr. 228 v. 16.8.60).

45 Vgl. Uwe Schwagmeier, „‚Ausgerechnet Willjämm Forkner'. Betrachtungen über zwei ‚Provinzschriftsteller'", in Jörg Drews / Doris Plöschberger (Hg.), *Starker Toback, voller Glockenklang. Zehn Studien zum Werk Arno Schmidts* (Bielefeld: Aisthesis 2001), S. 107-119, hier S. 111 f.

rororo 22: H. G. Wells: *Die Zeitmaschine. Utopischer Roman*. P/E: März 1951.
Dieses Buch ist noch in Schmidts Nachlaßbibliothek vorhanden (BVZ 603.4).

Schmidts Interesse an diesem Roman hat ursprünglich wohl damit zu tun, daß sich J. W. Dunne in seinem (von Schmidt früh gelesenen und geschätzten) Buch *An Experiment with Time* in Zusammenhang mit der Vorstellung der Zeit als vierter Dimension darauf beruft[46]; Wells' Roman geht von der Grundvorstellung aus, es gebe „*vier* Dimensionen" (S. 6). Später nennt Schmidt den Roman häufig als Beispiel für Hohlwelten-Literatur, so in „Was wird er damit machen?" (BA II/3, S. 297) und *Zettel's Traum* (ZT 306 mo). Seinem Freund Eberhard Schlotter empfiehlt er die Lektüre des Romans zur Vorbereitung eines Schlaraffenland-Projekts.[47] Anspielungen auf das unterirdische Geschlecht der „Morlocks" bei Wells finden sich in „Schwarze Spiegel" (BA I/1, S. 229: „Wolkenmorlocke"), in Schmidts Essay „Dichter und ihre Gesellen" (BA III/3, S. 286 f.) und in *Abend mit Goldrand* (BA IV/3, S. 96).

Schwerer als der Nachweis, daß Schmidt Wells' *Zeitmaschine* gelesen hat, fällt der Nachweis, daß die Lektüre Schmidts eigenes Werk nennenswert beeinflußt hat. Josef Huerkamp sieht in der „time=box" (BA I/2, S. 186) von „Tina oder über die Unsterblichkeit" einen eindeutigen

---

[46] Vgl. J. W. Dunne, *An Experiment with Time* (London: Faber 1934), S. 142-144. Vgl. dazu auch Horst Illmer, „H. G. Wells, J. W. Dunne und Arno Schmidt. Beziehungszauber zwischen der Relativität der Zeit und der Größe der Welt", in Georg Schulz (Hg.), *Zettelkasten 23. Aufsätze und Arbeiten zum Werk Arno Schmidts. Jahrbuch der Gesellschaft der Arno-Schmidt-Leser 2004* (Wiesenbach: Bangert & Metzler 2004), S. 103-116.

[47] Vgl. Schmidt, *Der Briefwechsel mit Eberhard Schlotter*, a.a.O., S. 245 (Nr. 141 v. 2.4.64).

Reflex auf die *Zeitmaschine* und benennt einige teils marginale, teils auch recht konkrete Parallelen zwischen beiden Texten.[48] Möglicherweise hat die Lektüre der *Zeitmaschine* aber auch schon den Entwurf von „Schwarze Spiegel" (mit dessen Niederschrift Schmidt im Mai 1951 begann) mit angeregt. Der Erzähler der *Zeitmaschine* ist „absolut allein – furchtbar allein" (S. 108); damit teilt er das Schicksal des Erzählers von „Schwarze Spiegel".

rororo 25: Betty Mac Donald: *Das Ei und Ich. Roman.* P/E: März 1951.

Auch dieser literarisch völlig anspruchslose Roman ist in Schmidts Nachlaßbibliothek vorhanden (BVZ 557).

Die Autorin beschreibt, wie sie sich an der Seite ihres hühnerzüchtenden Mannes in einer ausgesprochen abgelegenen und menschenleeren Gegend im Nordwesten der USA einrichtet; diese Fabel ist prinzipiell vergleichbar mit Arno Schmidts Kurzroman „Schwarze Spiegel", und folgerichtig gibt es einige kleinere Berührungspunkte zwischen beiden Texten. Bei Mac Donald lesen wir die Erkenntnis „Das ist das Leben!" (S. 39), ein Loblied auf „Makkaroni mit Käse" (S. 81) und die Ankündigung „morgen is' Maws Geburtstag" (S. 167); sehr ähnliche Textstellen finden wir in Schmidts Kurzroman: „Das ist also das Leben" (BA I/1, S. 219), eine Huldigung an „Makkaroni mit Käse" (BA I/1, S. 248) und die Ansage „Morgen hab ich Geburtstag" (BA I/1, S. 252).[49]

---

48 Vgl. Huerkamp, *Satyrsprünge*, a.a.O., S. 225, 243, 378.

49 Hinweise auf weitere mögliche Reflexe Schmidts auf das Buch von Mac Donald finden sich in Rathjen, „Ein Bummel durch die Bibliothek", a.a.O., S. 15-17, sowie Rathjen, „Rowohlts Beste?", a.a.O., S. 158-161.

rororo 27: John Galsworthy: *Ein Mädchen wartet*. P/E: April 1951.

Schmidt war beileibe kein Freund von Galsworthy; schon in *Brand's Haide* hat er seiner Empörung über ein anderes Buch des englischen Nobelpreisträgers Luft gemacht: „Der weißlebrigte Galsworthy!: »The Patrician«: nee sowas von selbstgemachten Problemen (als wenn die englische society eins wäre! – Und wir standen wacholdergleich in Brandshaide!! – Ph!)" (BA I/1, S. 171). 1949, als Schmidt das formuliert, liest seine Frau ausweislich ihres Tagebuchs *The Patrician* im englischen Original, und auch sonst gibt es einige Indizien dafür, daß Galsworthy ein Lieblingsautor von Alice Schmidt war; daß Schmidt Galsworthy als Schriftsteller für weibliche Leser ansah, ergibt sich aus einer Stelle in *Zettel's Traum*: „Weib nimm doch wenichstns [...] die 'Forsythe [sic] Saga' vom GALSWORTHY mit!" (ZT 761 ro) Es ist nicht auszuschließen, daß Schmidt und/oder seine Frau auch den Roman *Ein Mädchen wartet* schon vor dem Erscheinen in der rororo-Reihe im Original gekannt haben[50]; dieses Original trägt den Titel *Maid in Waiting*, auf den Schmidt in „Schwarze Spiegel" (BA I/1, S. 206) und in „Tina oder über die Unsterblichkeit" (BA I/2, S. 172) anspielt. Ebenfalls in „Schwarze Spiegel" stellt der Erzähler die rhetorische Frage: „Ziehen Sie Wielands »Aristipp« oder die »Forsyte Saga« vor?" (BA I/1, S. 237) *Ein Mädchen wartet* gehört allerdings nicht zum *Forsyte-Saga*-Zyklus. Dem Erzähler von „Schwarze Spiegel" kommt, als er den Namen „Lux" liest, eine unwillkürliche Assoziation: „eine große sandbraune Schäferhündin; wußte ich intuitiv" (BA

[50] Vgl. Friedhelm Rathjen, „Angeln und Sachsen. Chronologie der Beschäftigung Schmidts mit englischen Autoren", in ders., *Inselwärts. Arno Schmidt und die Literaturen der britischen Inseln* (Scheeßel: Edition ReJoyce 2008), S. 9-34, hier S. 18 f.

I/1, S. 207); das englische Pendant dazu kannte Schmidt aus *Ein Mädchen wartet*: „Wenn diese Kleinen im Gesicht stark weißgescheckt sind, sehen sie so gottvoll närrisch aus. [...] Und alle [Schäferhunde] heißen Bobbie." (S. 238)

rororo 34 John Steinbeck: *Die Schelme von Tortilla Flat*. P/E: Juli 1951.
Eindeutige Hinweis auf eine Lektüre dieses Romans durch Schmidt lassen sich nicht ausmachen. Als Schmidt in „Schwarze Spiegel" die namhaftesten zeitgenössischen amerikanischen Schriftsteller aufs Korn nimmt, ist Steinbeck noch nicht dabei; später dann in „Die Geschichte vom Riesen Jermak" modifiziert er den Kreis der Gescholtenen durch Weglassung von Thomas Wolfe (der ohnehin schon 1938 gestorben ist und trotz eines unaufhörlichen Publikationsstroms aus dem Nachlaß wohl keine ideale Zielscheibe mehr bietet) und die Aufnahme zweier neuer Namen, die ebenfalls im rororo-Programm zu finden sind: „Sie stehen Alle auf unseren Bücherborden, die Sinclair Lewis und Hemingway, die Faulkners und Steinbecks" (BA III/4, S. 100). Eine Anzeige hinten in *Tortilla Flat* wirbt für den schon im November 1948 als Rotationsdruck erschienenen Steinbeck-Roman *Cannery Row. Die Straße der Ölsardinen*, auf den Schmidt in *Zettel's Traum* mit dem Kalauer „cunnery road" (ZT 186 rm) anspielt; 1957 tauft Schmidt zudem ein bis dahin unbetiteltes Werk seines Freundes Eberhard Schlotter für den Katalog einer Wanderausstellung auf den Namen „Cannery Row"[51]. Erwähnenswert ist vielleicht noch das Ende von *Tortilla Flat*: auf der letzten Seite des Romans wird das Haus des Helden Danny abgefackelt (S. 158), ein Handlungsdetail, das sehr eventuell auf das Ende von

[51] Freundlicher Hinweis von Günther Flemming.

Dürings Hütte am Schluß von Schmidts *Faun*-Roman abgefärbt haben könnte.

rororo 35: Heinrich Mann: *Der blaue Engel*. P/E: August 1951.

Dieser Roman (eine Neuausgabe von *Professor Unrat* unter dem Titel der erfolgreichen Verfilmung) ist in Schmidts Nachlaßbibliothek vorhanden (BVZ 418.2).

Arno Schmidt findet in seinem Werk gelegentlich lobende Worte für Heinrich Mann, wobei es allerdings in aller Regel um *Die kleine Stadt* und *Der Untertan* geht. Anspielungen Schmidts auf *Der blaue Engel* finden sich „Caliban über Setebos“ (BA I/3, S. 524: „mein, was'n Blauer Engel!“) und in der *Schule der Atheisten* (BA IV/2, S. 44: „Der Graue Engel“).

rororo 44: Max Dauthendey: *Die acht Gesichter am Biwasee. Japanische Liebesgeschichten*. P/E: August 1951.

In seiner Erzählung „Zählergesang“ lernt der Erzähler bei einem Wohnungseinzug ein glatzköpfiges Mädchen kennen (BA I/4, S. 106):

> wenn man so ein Mädchen bei sich hätte – in fortgeschrittener Stimmung – und dann auf einmal der atheistenkahle Eierschädel?! [...] Gewiß, ja; bei Dauthendey, »8 Gesichter am Biwa=See«, kam ein ähnliches Thema mal vor. Aber das war ja Japan, weit weg, und also eigentlich mehr zum Lachen.

Diese Passage bezieht sich auf die Erzählung „Von Ishiyama den Herbstmond aufgehen sehen“ in Dauthendeys Band, die sich um ein kahlköpfig geborenes Mädchen dreht: „weiß und haarlos blieb die Schädelschale des Kindes.“ (S. 100) Immerhin wirkt sich die Kahlköpfigkeit produktiv auf die Umgebung aus, denn „jeder, der sie sah, dachte sich eine Geschichte über sie aus" (S. 103) – und eben das tut Arno Schmidt mit seinem „Zählergesang" ja auch. Der Titel der betreffenden Dauthendey-Erzählung könnte abgefärbt haben auf die bekannte Formulierung in Schmidts Aufsatz „Der Platz, an dem ich schreibe" von 1960: „ich sehe von meinem Schreibtisch aus den Mond aufgehen!" (BA III/4, S. 30)

rororo 45: John Galsworthy: *Das Schicksal der Irene Forsyte*. P/E: Dezember 1951.
Der Band enthält die zwei ersten Teile der *Forsyte Saga*, also *Der reiche Mann* und *Nachsommer*. Unter dem 20. September 1954 vermerkt Alice Schmidt in ihrem Tagebuch den Erhalt von „2 RoRoRo, darunter die ganze Forsyte-Saga als dicken Band. Gut, die behalten wir wieder"[52]; durch die Komplettausgabe wird der Einzelband überflüssig, und folgerichtig befindet er sich nicht in Schmidts Nachlaßbibliothek.

1952

Honoré de Balzac: *Glanz und Elend der Kurtisanen*. P: 1952. E: unbekannt.
Honoré de Balzac: *Junggesellenwirtschaft*. P: 1952. E: unbekannt.
Honoré de Balzac: *Tante Lisbeth*. P: 1952. E: unbekannt.
Honoré de Balzac: *Verlorene Illusionen*. P: 1952. E: unbekannt.
Honoré de Balzac: *Vetter Pons*. P: 1952. E: unbekannt.
1952 begann der Rowohlt-Verlag seine 46bändige Balzac-Ausgabe der 20er Jahre neu auf den Markt zu bringen; bis

[52] Alice Schmidt, *Tagebuch aus dem Jahr 1954*, a.a.O., S. 203 (20.9.54).

Ende 1953 waren bereits 18 Bände erschienen. In Schmidts Nachlaßbibliothek befinden sich lediglich die sechs genannten Bände (BVZ 614.1-6); er erhielt jedoch regelmäßig alle Neuerscheinungen dieser Ausgabe und verkaufte sie, wie aus dem Tagebuch seiner Frau hervorgeht, meist umgehend an Antiquare.[53]

Eindeutige Belege für eine Balzac-Lektüre Schmidts sind rar. In *Fouqué* schreibt er: „Philipp Bridau in Balzacs »Rabouilleuse« ist keine Erfindung“ (BA III/1, S. 354); in *Zettel's Traum* scheint er einmal Balzac zu zitieren: „obschon Mir immer noch war, wie wenn Ich erst=kotzn, dann=schlafm... / –: ‘BALZAC!? –’ rief W Mir ins Ohr – :?“ (ZT 762 ro)

Robert Musil: *Der Mann ohne Eigenschaften. Roman.* Herausgegeben und mit einem Nachwort versehen von Adolf Frisé. P: 1952. E: unbekannt.

In Schmidts Nachlaßbibliothek ist nicht diese Ausgabe, sondern eine 1970 erschienene Sonderausgabe des Romans vorhanden (BVZ 426.2); möglicherweise hat Schmidt den vergleichsweise teuren Band zunächst zur Bekämpfung seiner desolaten Finanzlage zu Geld gemacht und sich den Roman dann später, als es finanziell besser um ihn stand, wieder zugelegt. Nach Auskunft von Josef Huerkamp sind auf den Rückseiten etlicher der Karteizettel, die Schmidt für die Arbeit an *Das steinerne Herz* verwendete, Schnipsel eines Reklamebogens für die Rowohlt-Ausgabe von Musils Roman zu finden.

Im fragmentgebliebenen Jahnn-Essay „Die Tugenden der Kaulquappe“ rechnet Schmidt Musil zu den ‚Dekadenleuten‘, macht aber gegen den *Mann ohne Eigenschaft*

---

[53] Vgl. ebd., S. 42 (8.3.54: „von Ro. 3 neue Balzac“), 173 (17.8.54: „3 Balzac's von Rowohlt“), 223 (18.10.54: „Glogau will die 3 Balzac's und Böll zu 1/3 eintauschen [...] (sind dann rund 12 DM)“).

den „Einwand“ geltend, „daß man die meisten Kapitel einfach umstellen könnte, ohne irgendeine Veränderung am Buche selbst zu bemerken –“[54]; später wiederholt er diesen Vorwurf im Bulwer-Funkessay „... denn ‹wallflower› heißt ›Goldlack‹“ (BA II/3, S. 339). Ob sich Schmidts Urteil auf nennenswerte Textkenntnis stützt, ist unklar; das einzige, was ihm nachweislich von der Romanedition in Erinnerung geblieben ist, ist der Name des Herausgebers, den Schmidt in seiner kurzen Erzählung „N“ zum Gegenstand eines Kalauers macht: „Frisé: ein ‹Musilmann› (Var.: Musilmänner? Musilmanen?)“ (BA I/4, S. 124). Nach Auskunft von Bernd Rauschenbach befindet sich in einem der Zettelkästen in Schmidts Nachlaß zudem ein Zettel mit dem Text: „Musil's ‚M. o. Ei‘? : handelt auch bloß vom Fick'n!“[55]

rororo 47: Martin Beheim-Schwarzbach: *Die diebischen Freuden des Herrn von Bißwange-Haschezeck. Ein Schelmenroman*. P/E: Februar 1952.
Dieser Band ist in Schmidts Nachlaßbibliothek vorhanden (BVZ 340). Am 6. Januar 1961 schreibt Schmidt an Beheim-Schwarzbach:

> Darf ich aber die Gelegenheit nützen, speziell Ihnen zu schreiben, daß ich erst im vergangenen Sommer meiner Frau abends Ihren BIßWANGE vorgelesen habe, und auch Ihr BUCH VOM SCHACH kenne? [...] Und wenn ich auch nicht selten anderer Ansicht bin, so ist

---

[54] Arno Schmidt, „Die Tugenden der Kaulquappe. Ein Bericht über Hans Henny Jahnns nunmehr fertig vorliegenden Roman ›FLUSS OHNE UFER‹“, in *Fragmente. Prosa, Dialoge, Essays, Autobiografisches*, Bargfelder Ausgabe, Supplemente, Bd. 1 (Frankfurt a.M.: Suhrkamp 2003), S. 236-241, hier S. 239.

[55] Bernd Rauschenbach, „Re: In Biero Veritas“, Email an die Arno-Schmidt-Mailingliste, 19.7.04.

die Welt ja groß genug, daß noch mehr als nur wir Zwei Unrecht auf ihr haben können. –[56]

Tatsächlich erfolgte die Vorleselektüre schon im Februar 1952[57] und noch einmal im Oktober 1955[58]. Konkrete Folgen der Lektüre sind im Werk Arno Schmidts nicht feststellbar; zu überlegen wäre allenfalls, ob der bei Schmidt ab *Aus dem Leben eines Fauns* (1953) synonym zu ‚stehlen' verwendete Begriff ‚expropriieren' (BA I/1, S. 349; I/2, S. 116; I/3, S. 250; I/4, S. 19 und 113; II/1, S. 348; III/1, S. 563; III/4, S. 413; IV/,4, S. 121), der im allgemeinen Sprachgebrauch eigentlich eher ‚enteignen' meint, durch den ähnlichen Gebrauch des Begriffs „Expropriateur" (S. 58o u.ö.) im *Bißwange*-Buch angeregt sein könnte.

rororo 49: Anatole France: *Die Bratküche zur Königin Pedauque*. P/E: März 1952.
Auch dieses Buch ist in Schmidts Nachlaßbibliothek vorhanden (BVZ 628). Der lobhudelnden Beschreibung in der Rubrik „Zu diesem Buch" zufolge ist das Werk „neben den ‚Pickwickiern' eines der seltenen Meisterwerke großen Humors neuerer Zeit", was Schmidt, den langjährigen Bewunderer von Dickens' *Pickwick Papers*, sicherlich hat aufhorchen lassen.

Eindeutige Spuren einer möglichen Lektüre sind in Schmidts Werk nicht festzustellen. Die Tatsache, daß in Frances Buch durchgängig von Salamanderweibern und Sylphen (S. 33f, 55, 59, 112 und öfter) die Rede ist, mag allerdings das Widmungsgedicht zu Schmidts *Aus dem*

---

[56] Arno Schmidt, *Briefwechsel mit Kollegen*, hg. von Gregor Strick (Frankfurt a.M.: Suhrkamp 2007), S 269 (Brief Nr. 250 v. 6.1.61).
[57] Anmerkung des Herausgebers ebd.
[58] Vgl. Alice Schmidt, *Tagebuch aus dem Jahr 1955*, hg. v. Susanne Fischer (Frankfurt a.M.: Suhrkamp 2008), S. 263 (8.10.55).

Leben eines Fauns mit angeregt haben: „Haushoch / kam der Windriese [...] haushohe Sylphen – / und ich richtete mich mit einem Schwung auf: / das also sind eigentlich die Sylphen?!: Aha! /: wieder was gelernt.“ (BA I/4, S. 173) An einer entscheidenden Stelle von Frances Buch spricht der Kabbalist Herr von Astarac: „Wisset also, daß Ihr, so Ihr eines Sylphen Unterstützung wollt, nur dies einzige Wort Agla auszusprechen braucht. Sogleich werden die Söhne der Luft auf Euch zufliegen“ (S. 115); dies erinnert an jene Szene gegen Ende von Schmidts *Faun*, an der Düring mit einem Hauff-Zitat die Elementargeister anruft: „*Kommt Ihr her aus der Luft, :* / Steigt Ihr aus tiefem Meer, : / Schlaft Ihr in dunkler Gruft, : / Stammt Ihr vom Feuer her – : / DÜRING ist Euer Herr und Meister! / Ihm sind gehorsam alle Geister!“ (BA I/1, S. 379) Am Schluß der *Bratküche zur Königin Pedauque* brennt das Schloß des Herrn von Astarac ab (S. 159 f.), wie ja auch Dürings Faunhütte im Moor schließlich abgefackelt wird.

rororo 50: Kurt Tucholsky: *Zwischen Gestern und Morgen. Eine Auswahl aus seinen Schriften und Gedichten.* Umschlagtitel: *roroTucholsky.* P/E: März 1952.

Dieses Taschenbuch ist ein Querschnitt aus den zuvor im Rowohlt-Hauptprogramm erschienenen Auswahlbänden *Gruß nach vorn* (1946/47/48) und *Na und –?* (1950). Indizien für eine Schmidt-Rezeption finden sich ausschließlich in Beiträgen, die aus dem von Schmidt nachweislich gelesenen Band *Gruß nach vorn* stammen („Zeitungsdeutsch und Briefstil“, „Französischer Witz“, „An das Publikum“, „Was wäre, wenn...“, „Nachher“); vermutlich hat Schmidt also *Zwischen Gestern und Morgen* nicht gelesen.

rororo 52: Hammond Innes: *Der weiße Süden. Roman.* P/E: April 1952.

Dies ist Arno Schmidts erste Übersetzung für den Rowohlt-Verlag; er diktierte sie seiner Frau zwischen dem 27. Dezember 1950 und dem 19. Januar 1951 und zeigte sich dabei von dem Buch ausgesprochen angewidert.[59] Dennoch kam Schmidt aber wohl nicht nur das Honorar sehr gelegen, sondern auch das fertige Buch, das er offenbar gern zu Geschenk- und Renommierzwecken benutzte; aus dem Tagebuch seiner Frau geht beispielsweise hervor, daß Schmidt sich Ende Oktober 1954 bei einem Buchhändler im Tauschgeschäft für vier von ihm nicht benötigte Bände aus der aktuellen rororo-Produktion je zwei Exemplare seiner Innes- und seiner Paterson-Übersetzung besorgen läßt.[60] In seinem Aufsatz „Satire und Mythos am Südpol" von 1955 deutet Schmidt immerhin auch öffentlich an, daß er den Innes-Roman für die schamlose Umsetzung eines altbekannten Bestseller-Strickmusters hält (BA III/3, S. 184):

> Der fesche Held (gewöhnlich die Kapitänsmütze als ungewollt symbolisch=engen künstlichen Horizont ums He=Man=Haupt), wird zum Schluß dann unbarmherzig an die von dem Schurken hintergangene Geliebte verheiratet – und fertig ist das neueste bookofthemonth; wir habens in den letzten Jahren wieder sattsam erlebt an Hammond Innes' »Weißem Süden«; und dem allerneuesten Aufguß davon, an R. B. Robertsons »Whales and Men«: lassen wir den Schleier literarhistorischer Nächstenliebe über sie und ihre 70 Vor-

---

[59] Mitteilung von Bernd Rauschenbach nach dem Tagebuch von Alice Schmidt.

[60] Vgl. Alice Schmidt, *Tagebuch aus dem Jahr 1954*, a.a.O., S. 229 (29.10.54).

gänger fallen: gehen wir zu den »Müttern«! (Die natürlich auch hier wieder »Väter« sind).

Wie ich bei anderer Gelegenheit bereits gezeigt habe, haben allerdings Textdetails aus *Der weiße Süden* auf Schmidts kurz nach Fertigstellung der Übersetzung geschriebenen Kurzroman „Schwarze Spiegel" abgefärbt[61], und zudem tauchen Handlungselemente in stark veränderter Form später in der *Gelehrtenrepublik* wieder auf[62], wofür als Signal die Anverwandlung der bei Innes vorkommenden Figur „Weiner" (S. 11) in der anglisierten Variante „Winer" als *Gelehrtenrepublik*-Erzähler stehen mag.

rororo 55: Hans Fallada: *Wer einmal aus dem Blechnapf frißt. Roman.* P/E: Juni 1952.
Dieser Band ist in Schmidt Nachlaßbibliothek vorhanden (BVZ 365.2).

Zweimal bezieht sich Schmidt in seinem Werk auf Falladas Knastroman. In *Sitara* schreibt er: „Es sei ausdrücklich daran erinnert, daß dergleichen Riesen=Strafanstalten wie Waldheim ‹Welten für sich› sind, von denen sich, dem Leser leicht zugängliche, Exempel in FALLADA's ‹Blechnapf› oder KOGON's ‹SS=Staat› antreffen lassen" (BA III/2, S. 48 f.); in *Zettel's Traum* mutmaßt er im Rahmen eines Gesprächs über Entziehungskuren, daß sich

---

61 Vgl. Friedhelm Rathjen, „IRAS auf Eis. Arno Schmidt (üb)ersetzt Hammond Innes", in Kurt Jauslin (Hg.), *Zettelkasten 7. Aufsätze und Arbeiten zum Werk Arno Schmidts. Jahrbuch der Gesellschaft der Arno-Schmidt-Leser 1989* (Frankfurt a.M.: Bangert & Metzler 1989), S. 37-61, hier S. 53-55; Nachdruck in Friedhelm Rathjen, *Bargfeld Transfer. Studien zu Arno Schmidt als Übersetzer und Transformator* (Scheeßel: Edition ReJoyce 2010), S. 9-24, hier S. 23 f.

62 Vgl. ebd., S. 44-50 bzw. S. 15-20.

eine solche „auch FALLADA von seiner Gefängniszeit erhoffte“ (ZT 800 rm).

rororo 58: Gustave Flaubert: *Madame Bovary*. P/E: Juli 1952.
Auch dieser Roman ist in Schmidts Nachlaßbibliothek vorhanden (BVZ 627.2); dennoch bezieht sich Schmidt offenbar nirgendwo in seinem Werk darauf.

rororo 61: Frederic Prokosch: *Sturm und Echo*. P/E: September 1952.
Den Afrika-Roman des amerikanischen Schriftstellers (im weitesten Sinne ein mystifizierendes Remake von Conrads *Herz der Finsternis*) erwähnt Schmidt in „Belphegor oder Wie ich Euch hasse“ in einer Weise, die eigene Textkenntnis nahelegt: „der gelb=gezähmte Räuber geleitet sie zum Dank unaufgefordert zum nächsten Negerdorf, wo der ‹Nazib› seine Untertanen auf gut Prokosch'isch, à la ‹Sturm & Echo›, regiert.“ (BA II/2, S. 210)

rororo 63: Ludwig Thoma: *Die Lausbubengeschichten. Lausbubengeschichten und Tante Frieda in einem Band*. P/E: Oktober 1952.
Dieses Buch ist in Arno Schmidts Nachlaßbibliothek vorhanden (BVZ 457); ein Zusammenhang mit Schmidts Werk oder seinen literarischen Vorlieben ist allerdings nicht zu erkennen. Mit einigem Entsetzen dürfte Schmidt im Vorsatz des Buches die Rubrik „Zu diesem Buch“ gelesen haben, in der der Verfasser mit zwei von Schmidt ausdrücklich verachteten Autoren in Verbindung gebracht wird: „Thomas journalistische und schriftstellerische Erfolge führten ihn schließlich in die Zurückgezogenheit der Tegernseer Landschaft und in den Freundeskreis der Ganghofer und Slezak.“ Die einzige Erwähnung Thomas in Schmidts Werk ist eine Nebenbemerkung in der *Schule*

der Atheisten (BA IV/2, S. 82), die allerdings nicht den *Lausbubengeschichten*, sondern der Komödie *Die Lokalbahn* gilt.

rororo 64: Robert Musil: *Drei Frauen*. P/E: Oktober 1952.

Diese Sammlung dreier Erzählungen ist in Schmidts Nachlaßbibliothek vorhanden (BVZ 426.1).

1957 rezensiert Schmidt Fritz Lockemanns *Gestalt und Wandlungen der deutschen Novelle* unter dem Titel „Die aussterbende Erzählung“ und läßt in einer Passage, in der er sich über Lockemanns Urteilskraft empört, durchblicken, daß er selber der Erzählkunst Musils (wie derjenigen etlicher anderer Autoren aus dem Umkreis des Expressionismus) durchaus etwas abgewinnen kann: „Wie Lockemann denn überhaupt generell weiß, daß »der Expressionismus der Novelle nicht günstig« war: oh Theodor Däubler, Alfred Döblin, Musil, Schickele, Jahnn, Ehrenstein, Unruh, und wenns Klabund ist!“ (BA III/3, S. 384)

rororo 66: Norbert Jacques: *Dr. Mabuse, der Spieler*. P/E: November 1952.

Die Anspielung auf den Stoff in *Aus dem Lebens eines Fauns* (BA I/1, S. 305: „Die Tischlampe färbte die grünen Formulare noch mabusischer“) bezieht Dieter Kuhn in seinem *Faun*-Handbuch auf Fritz Langs Verfilmung[63]; zumindest möglich ist aber auch, daß Schmidt vor der Niederschrift seines Romans die Neuauflage des Buchs von Jacques gelesen oder zumindest zur Kenntnis genommen hat.

---

[63] Kuhn, *Kommentierendes Handbuch zu Arno Schmidts Roman „Aus dem Leben eines Fauns“*, a.a.O., S. 27.

rororo 67-68: Hans Fallada: *Wolf unter Wölfen*. P/E: November 1952.
Dies ist einer der Fallada-Bände, die in Schmidts Nachlaßbibliothek vorhanden sind (BVZ 365.3).

1953

Karlludwig Opitz: *Der Barras. Ein Bericht*. P: 1953. E: unbekannt.
Dieses Buch ist in Schmidts Nachlaßbibliothek vorhanden (BVZ 430).

Neil Paterson: *Thirza, Tochter der See. Roman*. P: 1953. E: unbekannt.
Den Roman des Autors, dessen nächsten Band *Der Mann auf dem Drahtseil* er selbst übersetzte, versuchte Schmidt später (zunächst erfolglos) zu verkaufen, wie Alice Schmidt in ihrem Tagebuch unter dem 18. Oktober 1954 festhält: „Glogau will die 3 Balzac's und Böll zu 1/3 eintauschen. (Patersons Thirza u. Kreuder will er also nicht. strange!)"[64] Das Buch ist zu Weihnachten 1955 Vorleselektüre der Schmidts.[65]

Kurt Tucholsky: *Und überhaupt... Eine neue Auswahl aus seinen Schriften und Gedichten*. P: August 1953. E: unbekannt.
Zu drei in diesem Band enthaltenen Tucholsky-Texten lassen sich Reflexe bei Schmidt nachweisen. Einen schlüpfrigen Witz aus „Die beiden Flaschen" (S. 45: „‚Was ist der Unterschied', fragte neulich in einer Revue

64 Alice Schmidt, *Tagebuch aus dem Jahr 1954*, a.a.O., S. 223 (18.10.54).
65 Vgl. Alice Schmidt, *Tagebuch aus dem Jahr 1955*, a.a.O., S. 314 (25.12.55).

einer, ‚zwischen einem Schutzmann und einer jungen Dame? – Wenn der Schutzmann ‚Halt' sagt, dann meint er das auch.'“) verwendet Schmidt in *Sitara* und zwei Nebenprodukten dieser Studie (BA III/2, S. 29; III/4, S. 210; III/4, S. 295); das Ende von „Die Essayisten“ (S. 148: „Und wenn es gar nichts geworden ist, dann sag, es sei ein Essay“) zitiert er in einem Brief an Alfred Andersch vom 18. Juli 1955: „wenns gar nischt mehr wird, wirds immer noch ein Essay, hat Tucholsky einmal gesagt“[66]; den Titel des Textes „All people on board!“ (S. 168) schließlich benutzt er in einem Brief an Eberhard Schlotter vom 1. Februar 1960[67]. Da alle drei Tucholsky-Texte auch in der (von Schmidt nachweislich benutzten) späteren Auswahl *Panter Tiger, & Co.* enthalten sind und alle Belegstellen bei Schmidt erst nach Publikation des *Panter*-Bandes (Dezember 1954) entstanden, ist es äußerst zweifelhaft, ob Schmidt den Band *Und überhaupt...* rezipiert hat.

rororo 72: Leonhard Frank: *Die Räuberbande.* P/E: Januar 1953.

In seinem Aufsatz „Begegnung mit Fouqué“ von 1958 geht Schmidt kurz auf Karl May ein, „der – 4 oder 5 merkwürdige Bände ausgenommen – viel Mist geschrieben hat; dessen literarische Wirksamkeit aber endlich einmal untersucht werden sollte: von Zuckmayer; über Fallada und Frank's ‹Räuberbande›, bis zu mir.“ (BA III/3, S. 421) Franks Buch wird vom Verlag ausdrücklich unter Hinweis auf Karl May beworben: „Karl-May-Streiche von zwölf Würzburger Lehrjungen. Unterm

---

66 Schmidt, *Der Briefwechsel an Alfred Andersch*, a.a.O., S. 60 (Nr. 59 v. 18.7.55).

67 Vgl. Schmidt, *Der Briefwechsel mit Eberhard Schlotter*, a.a.O., S. 120 (Brief Nr. 58 v. 1.2.60).

Silbermond und im Schein des Lagerfeuers blüht junge Liebe."[68]

rororo 79: Ernst Kreuder: *Die Gesellschaft vom Dachboden*. P/E: April 1953.

Diese Ausgabe des beim Ersterscheinen 1946 äußerst erfolgreichen Romans ist in Schmidts Nachlaßbibliothek vorhanden (BVZ 409.3), was vielleicht auch ein wenig damit zusammenhängt, daß auf einer Seite im Anhang des Buches für Arno Schmidts Rowohlt-Publikationen *Leviathan* und *Brand's Haide* geworben wird.

Schmidt scheint den Roman bereits gekannt zu haben, bevor die rororo-Ausgabe erschien, denn eine Anspielung auf den Titel findet sich schon am Schluß von Schmidts 1952 geschriebener Erzählung *Die Umsiedler* (BA I/1, S. 297: „Lachten wir uns an, froh solcher Billigkeit, arme heitere Kümmerform, Pärchen ohn' Tiefgang, die Gesellschaft vom Dachboden: ein irrsinnig gewordener Hahn kräht jede Nacht um Drei: der ist oft daran schuld. – So leben wir zunächst zusammen; wie es weiter wird, weiß ich noch nicht."). Eventuell hat Kreuders Roman sogar schon Schmidts „Schwarze Spiegel" beeinflußt; in *Die Gesellschaft vom Dachboden* fällt der Titel von Kreuders früherer Erzählung „Die Geschichte durchs Fenster", die als Text des fiktiven Erzählers vorgestellt wird, wie ja auch Schmidt in „Schwarze Spiegel" seine eigenen unveröffentlichten Texte „Massenbach" und „Das Haus in der Holetschkagasse" als Erzeugnisse einer fiktionalen Figur aufführt (BA I/1, S. 218). Als Schmidt „Schwarze Spiegel" schrieb, hatte er Kreuder anläßlich der Überreichung des Mainzer Akademiepreises (dessen Vergabe maßgeblich durch Kreuder gesteuert worden war) bereits persön-

[68] Inhaltsangabe zu Leonhard Frank, *Die Räuberbande*, in *Was sie schreiben. Wie sie aussehen*, a.a.O., unpaginiert.

lich kennengelernt, und fortan beziehen sich Schmidts Kommentare zu Kreuder weniger auf dessen Werk als auf den Autor persönlich, etwa in *Das steinerne Herz*: „Ernst Kreuder fiel mir ein: der Leser sollte auf den Knien dankbar sein, daß die Schriftsteller so für ihn leiden!“ (BA I/2, S. 36) Als Schmidt schließlich in seinem Verriß „Bedeutend; aber ...“ Kreuders Roman *Agimos* (das erste Buch Kreuders nach dessen Trennung von Rowohlt) in der Luft zerpflückt, bezieht sich sein harsches Urteil indirekt auch auf die früheren Bücher: „Geheimbündeleien, d.h. der unvermeidliche Kreuderische Verein wird gegründet, wie schon früher in den UNAUFFINDBAREN oder der GESELLSCHAFT.“ (BA III/3, S. 497) Kreuder ist für Schmidt ab 1955 mit dem Wohnsitz im ungeliebten Darmstadt verknüpft; in Schmidts literarischem Reflex auf die Kulturszene der Stadt, nämlich der *Gelehrtenrepublik*, wird Kreuder folglich auch erwähnt: „*Neben dem Wagen stehen* (auf dessen glattem kreudergrünem Dach der Regen sogleich murmelnd sein Kleingeld sortierte“ (BA I/2, S. 341). Das Adjektiv ‚kreudergrün‘ könnte man als Verweis auf die Buchumschläge der Werke Kreuders verstehen, die in den Nachkriegsjahren sämtlich sehr grünstichig daherkamen, doch vermutlich spielt Schmidt hier sogar ganz konkret auf eine Textstelle aus *Die Gesellschaft vom Dachboden* an: „Man darf die Wahrheit niemand sagen, sonst kommt man in den grünen Wagen.“ (S. 42) Allerdings kommt die Farbe Grün fast inflationär in Kreuders Roman vor, und meist ist sie ausgesprochen positiv konnotiert: in der titelgebenden Dachstube gibt es einen „grünlackierten Korbsessel“ (S. 16), man speist mit Vorliebe „am grünen Tisch“ (S. 21) und schwärmt von „grünen Waldungen“ (S. 51) und „grüne[n] Bergen“ (S. 146); ein „Eimer mit grüner Ölfarbe“ (S. 54) dient zum Zaunstreichen, bis die „Latten [...] dunkelgrün in der Sonne glänzten“ (S. 57); zur Kleidungsergänzung beliebt sind ein „grüne[r] Lodenhut“ (S. 59), ein „grüne[s] Taschentuch“ (S. 94) und „grüne Zylinderhüte“ (S. 130); an der Endhaltestelle besteigt man „eine grüne Straßenbahn“ (S. 78), und um die Außenwelt auszuschließen, zieht man „die grünen Vorhänge vor die Bullaugen“ (S. 166).

rororo 80: Peter Fleming: *Die sechste Kolonne. Eine merkwürdige Geschichte aus unseren Tagen*. P/E: April 1953.

Arno Schmidts zweite Übersetzung für den Rowohlt-Verlag. Am 29. Oktober 1951 schreibt Schmidt an seinen früheren Vorgesetzten Johannes Schmidt: „Seit 14 Tagen übersetze ich stöhnend den zweiten Kriminalroman für die billige Reihe: davon lebe ich! [...] Sonst wenig Neues; der Regen regnet jeglichen Tag; ich schufte verdriesslich an der Übersetzung und der Fouque-Biographie: zuweilen besaufe ich mich“[69]. Daß die Übersetzungsarbeit an diesem Buch punktuell auf Schmidts eigenes Werk abgefärbt hat, ist zu vermuten, war bisher jedoch noch nicht Gegenstand einer systematischen Untersuchung.

rororo 83: Sinclair Lewis: *Babbitt*. P/E: März 1953.

Im für den Schmidt-Bezug relevanten Zeitraum ist dies in der rororo-Reihe das erste Buch von Lewis, dessen Roman *Mantrap* im September 1948 bereits als Rotationsdruck wiederaufgelegt worden war; außerdem erschien 1949 in der Stuttgarter Rowohlt-Dependance der Roman *Elmer Gantry*.

Im Frenssen-Essay „Ein unerledigter Fall“ läßt Arno Schmidt durchblicken, daß er den Inhalt von *Babbitt* so gut kennt, wie dies wohl nur nach eigener Lektüre möglich ist (BA II/3, S. 132):

---

[69] Arno Schmidt, Brief an Johannes Schmidt v. 29.10.51, in *Bargfelder Bote*, Lfg. 200 / 16. Juni 1995, S. 5.

Es könnte immerhin sein, daß ein, und zwar recht nötiger & dauerhafter Seitenast der Literatur – etwa seit den NOSTOI, dem AMADIS oder der INSEL FELSENBURG – diesen Umfang nun einmal *hat*; und nicht nur die simpelsten, sondern gerade neuerdings die apartesten Blätter & Blüten treibt. Wenn *Sie* mir – halbbewußt=unredlich übrigens – nur He=Rosse vom Schlage SIR JOHN RETCLIFFE's nannten oder ROBERT KRAFT's; dann müssen Sie mir erlauben, PROUST anzuführen, oder so manchen Amerikaner, vom ‹Antonio Adverso› an, bis zu JONES, ‹Some came running›; oder auch ‹Babbitt› – *(überlegend):* das wäre vielleicht gar kein so schlechter Vergleich.

rororo 86: Neil Paterson: *Ein Mann auf dem Drahtseil. George Wilson. Zwei Erzählungen.* P/E: Juni 1953.
Schmidts dritte Übersetzung für den Rowohlt-Verlag. Ebenso wie die früheren ist auch diese Übersetzung für Schmidt lediglich ein Mittel, Einkommen (und in beschränktem Maße professionelles Renommee) zu erwerben. Daß Schmidt an Paterson als Autor nicht interessiert ist, zeigen zwei Tagebucheinträge seiner Frau aus dem Oktober 1954 – zunächst versucht Schmidt (freilich erfolglos) Patersons Roman *Thirza, Tochter der See* an einen Antiquar zu verkaufen; wenige Tage später besorgt seine Frau sich bei einem Buchhändler per Tauschgeschäft zwei zusätzliche Exemplare des *Drahtseil*-Bandes, vermutlich für allfällige Geschenkzwecke.[70]

---

[70] Alice Schmidt, *Tagebuch aus dem Jahr 1954*, a.a.O., S. 223 (18.10.54): „P: 3 RoRoRos; [...] Glogau will die 3 Balzac's und Böll zu 1/3 eintauschen. (Patersons Thirza u. Kreuder will er also nicht. strange!) [...] (sind dann rund 12 DM)"; ebd., S. 229 (29.10.54): „Beim Hegner tausche ich gegen 4 RoRoRos 2 wß. Süden und 2 Paterson (Drahtseil) ein."

rororo 88: Erich Wildberger: *Ring über Ostkreuz. Roman*. P/E: Juli 1953.
Wildberges Berlin-Roman ist in Schmidts Nachlaßbibliothek vorhanden (BVZ 475).

Dem Tagebuch seiner Frau zufolge benutzt Arno Schmidt das Buch am 7. und 8. April 1954 als Vorlesektüre; das Urteil fällt recht negativ aus: „absolut einseitig, pro Westisch geschildertes Berlin v. heute. Also nicht mal Wert eines Tatsachenberichtes. –“[71] Dennoch baut Schmidt in seinen eigenen Berlin-Roman *Das steinerne Herz* zumindest eine unaufdringliche Reverenz an Wildbergers Buch ein: „Und die Türen schlossen sich wieder überm Schild ‹Ostkreuz›.“ (BA I/2, S. 64) Ein weiterer Reflex findet sich etliche Jahre später in der *Sitara*-Studie (BA III/2, S. 116):

> Oder man nehme als literarischen Beleg [für sexuell unterfütterte Schießmetaphorik] E. WILDBERGER's ‹Ring über Ostkreuz›, wo Ogunke S. 138 prahlt: »Wenn Se mir klauen täten, würd' ick schießen mit meine Ogunke=Spezialkanone Windstärke 10. Ick feif Se von de Plätze!«; (und S. 77 knallt es denn auch dementsprechend).

1954

Ernst Kreuder: *Herein ohne anzuklopfen. Erzählung*. P: April 1954. E: April / September 1954.
Schmidt bekam das Buch, wie Alice Schmidt in ihrem Tagebuch vermerkt, zunächst vom Verlag und dann fünf Monate später auch noch (mit Widmung) von Kreuder

[71] Ebd., S. 57 (7.4.54).

selbst[72]; das Widmungsexemplar ist in Schmidts Nachlaßbibliothek vorhanden (BVZ 409.5). Daß Schmidt das Buch behalten hat, könnte auch daran liegen, daß im Werbeanhang eine Anzeige für die Bücher Schmidts enthalten ist.

rororo 100: Wilhelm Raabe: *Stopfkuchen. Eine See- und Mordgeschichte*. P/E: Januar 1954.
Der Band dient im Hause Schmidt am 12. und 13. Februar 1954 als Vorleselektüre; Arno Schmidts Urteil lautet dem Tagebuch seiner Frau zufolge: „Rahmenerzählung weg u. halb so lang, dann wär's gut."[73] Raabe-Erwähnungen und -Zitate sind in Schmidts Werk nicht selten; der *Stopfkuchen* scheint dabei aber keine Rolle zu spielen.

rororo [Gratisband ohne Numerierung]: *Was sie schreiben. Wie sie aussehen*. P/E: Januar 1954.
Den Eingang dieses Bandes vermerkt Alice Schmidt in ihrem Tagebuch recht freudig unter dem 25. Januar 1954: „2 RoRoRos und ein interes. Jubileumsbuch zur Nr. 100 d. RoRoRo's das Bilder und kurze Biographien all der 100 Leute bringt."[74]

rororo 102: Walter Jens: *Nein. Die Welt der Angeklagten*. P/E: Februar 1954.
Dies ist die Taschenbuch-Neuausgabe des Buches, dessen Erstausgabe Schmidt bereits 1950 vom Verlag bekommen und einer wohlwollenden Erwähnung in „Schwarze Spiegel" für wert befunden hat. Anläßlich der auflagenstarken

---

[72] Vgl. ebd., S. 60 (17.4.54): „Ro: neuester Kreuder [...] Buchanzeige v. A's Büchern"; ebd., S. 202 (11.9.54): Kreuder „Schickt sein neues Buch".
[73] Ebd., S. 33 (13.2.54).
[74] Ebd., S. 24 (25.1.54).

rororo-Ausgabe fällt Schmidts Urteil (verschärft sicherlich durch seinen persönlichen Zwist mit dem Verlag) hingegen sehr harsch aus: „2 RoRoRo darunter Jens' »Nein«. Nu schlugs vollends ein: Jens mit seinem Mist hat sicher 5000 dafür gekriegt.“[75]

rororo 103-104: Sinclair Lewis: *Dr. med. Arrowsmith. Roman*. P/E: März 1954.

Das Buch ist am 9. April 1954 Vorleselektüre bei Schmidts; am 5. Dezember desselben Jahres kommt es ins Weihnachtspäckchen für die Quedlinburger Verwandtschaft.[76]

rororo 110: Ilja Ilf / Eugen Petrow: *Zwölf Stühle*. P/E: Mai 1954.

Dieser Band dient Arno und Alice Schmidt am 25. Mai 1954 als Vorleselektüre; das Urteil fällt so positiv aus („ein recht lustiges RoRoRo“[77]), daß das Büchlein am 5. März des Folgejahres noch einmal auf dem abendlichen Lektüreplan steht[78].

Zumindest eine Stelle des episodisch gebauten Buches ist nicht ohne Spuren in Schmidts eigenem Roman *Das steinerne Herz* geblieben. Über einen der Stühle, nach denen das Personal des Buches von Ilf und Petrow auf der Suche ist, weil ins Futter Reichtümer eingenäht sind, erfahren wir gegen Schluß (S. 181):

---

[75] Ebd., S. 38 (22.2.54).

[76] Vgl. ebd., S. 58 (9.4.54: „V: Sinclair Lewis Dr. med. Arrowsmith"), S. 250 (5.12.54: „Päckchen f. Weihnachten: [...] 1 Doppel RoRo: Sinclair Lewis Dr. Arrowsmith“).

[77] Ebd., S. 75 (25.5.54).

[78] Vgl. Alice Schmidt, *Tagebuch aus dem Jahr 1955*, a.a.O., S. 70 (5.3.55).

Und der alte Mann lachte freudig und erzählte, wie er einmal auf diesen Stuhl gestiegen sei, um eine elektrische Birne einzuschrauben, und wie er dabei hinunterrutschte.

„Ich rutschte hinunter und der Überzug riß entzwei. Und da sehe ich, daß aus dem Überzug Steinchen herausfallen, weiße Glasperlen, auf einen Faden gereiht."

Diese unverhoffte Entdeckung eines Schatzes erinnert doch sehr an den Schatzfund in *Das steinerne Herz*, der ebenfalls durch das Einschrauben einer Birne ausgelöst wird (BA I/2, S. 120):

> *»Och iss ja noch kein Licht!:* Wallder – ?« – holte ich also müde die Osrampackung. »Du biss groß; dreh bidde rein« (sie; schon Reißzwecken zwischen den Lippen, und bajaderene Gewinde überm Arm): ich hob die Hand und drehte die Birne dicht über meinem Kopf ein. Zum Schalter an der Tür:?: klappte. Gut. (Und doch: irgend etwas stimmte hier nicht; ich kenn mich doch genau! – Na, ist egal; morgen war ich weg).

Hier setzt Schmidt mit der Wendung vom „bajaderene[n] Gewinde" ein intrikates Signal, denn in dem russischen Roman erklingt einmal ein gesungenes „O Bajadere, taradamtadadam" (S. 17; nochmals erwähnt S. 65). Die vergebliche Schatzsuche wird auf der allerletzten Seite von *Zwölf Stühle* auf eine Weise aufgelöst, die wiederum direkt zu Schmidts Roman führt (S. 182):

> Hier war der Schatz, er existierte, hatte sogar ein weit größeres Volumen erlangt. Man konnte ihn mit den Händen anfassen, aber wegtragen konnte man ihn nicht. Er diente jetzt irgendwelchen anderen Menschen.

> Worobjew berührte mit den Händen die Granitmauern. Die Kälte des Steines ging in sein Herz über.

Das von Schmidt in *Das steinerne Herz* erwähnte „Kleid aus tausendfältig zermartertem Crêpe de Chine“ (BA I/2, S. 74) könnte zudem angeregt sein durch „eine sehr hübsche Crepe-de-Chine-Bluse“ (S. 79).

rororo 113: Kurt Kusenberg: *Mal was andres. Eine Auswahl seltsamer Geschichten*. P/E: Juni 1954.
Dieses Buch diente am 21. Juni 1954 als Vorleselektüre von Arno und Alice Schmidt („so Zauberergeschichten aus ’m neuen RoRoRo=Bd. (»Mal was andres!«)“[79]) und ist noch in Schmidts Nachlaßbibliothek vorhanden (BVZ 411). In der Rubrik „Zu diesem Buch“ konnten Schmidts lesen: „Der Dichter wurde am 24. Juni 1904 in Goeteborg, Schweden, als Sohn eines deutschen Ingenieurs geboren“; damit hatte Kusenberg am selben Tag (freilich nicht desselben Jahres) Geburtstag wie Alice Schmidt.

Auf den Titel des Bandes (der gleichzeitig der Titel der letzten Erzählung darin ist) spielt Arno Schmidt mehrmals in seinem Werk an: in *Kaff* (BA I/3, S. 139: „*.: »Und für 3 Tage entführt* werdn? –«; George; heftich trotzich lange: »Wär ooch mal was Andres!«.“), „Caliban über Setebos“ (BA I/3, S. 501: „Er schien mich sofort, altersschlau, als ‹mal was andres› gewittert zu haben“) und „Ein unerledigter Fall“ (BA II/3, S. 111: „Ganz allgemein wäre vielleicht als Erstes hier auffällig: wie es zumindest ‹Mal was Andres› ist, daß Einer im Alter, das ja bekanntlich auch feige macht, nun *nicht* in die Kniee geht, *nicht* ‹zu Kreuze kriecht›“; ähnlich BA III/4, S. 283).

---

79 Alice Schmidt, *Tagebuch aus dem Jahr 1954*, a.a.O., S. 86 (21.6.54).

In seinem Brief an Kusenberg vom 4. Februar 1958 erwähnt Schmidt die Titel von drei Kusenberg-Geschichten, von denen zwei („Die ruhelose Kugel“ und „Schlechte Schüler“) in *Mal was andres* abgedruckt sind; weiter schreibt Schmidt: „Die schöne Formel vom ‚Zwist unter Zauberern‘ habe ich, schamloserweise, sogar expropriiert: für ein ‚Nachtprogramm‘, in dem ich Hebbel und Stifter ihren fundamentalen Zank erneuern ließ.“[80] „Zwist unter Zauberern“ ist ein Text in Kusenbergs Sammlung überschrieben; Arno Schmidt verwendet diese Formel in *Das steinerne Herz* (BA I/2, S. 33: „Wir wandten einander sofort die Köpfe zu, und sahen uns eine Weile seltsam an: Zwist unter Zauberern“; gemeint sind der Erzähler und Hoppenstedt), „Die Handlungsreisenden“ (BA III/3, S. 254 über Stifter und Hebbel: „Noch heute kann man, kommt die Rede auf diesen Zwist unter Zauberern, Erbauliches über die Verschiedenheit von Temperamenten lesen; viel Feinsinniges über den Unterschied zwischen Idyllisch und Episch, Beschaulich und Heroisch, zwischen Tatmenschen und Träumern“) und *Abend mit Goldrand* (BA IV/3, S.191 über Freud und Zschokke: „Schade, daß er (= Zsch.) Jenen nicht ›kontern‹ konnte – so ein ›Zwist unter Zauberern‹ wäre ja vielleicht fd Theorie besonders fruchtbar gewesen“).

Es gibt noch einige weitere Textstellen in Kusenbergs Band, die auf Schmidts Werk abgefärbt haben. In „Eine Schulstunde“ muß ein Schüler, der Bären als „eßbar“ bezeichnet, sich vom Lehrer sagen lassen: „Deine Antwort, Paul, befriedigt nicht, denn fast alle Kreaturen sind eßbar. Auch du bist eßbar“ (S. 13); entsprechend belehrt in Schmidts „Kühe in Halbtrauer“ Otje den Erzähler: „‹Eßbar› bist letzten Endes auch=Du. – Falls De nich zu

[80] Kusenberg, *Zwist unter Zauberern*, a.a.O., S. 261.

sehr nach Bock schmeckst." (BA I/3, S. 345)[81] In „Schlechter Schüler" fungiert ein Uhu als sprechende Uhr (S. 123); Arno Schmidt führt in der *Gelehrtenrepublik* die „bei uns allerdings wenig beliebte, ‹Sprechende Uhr›" (BA I/2, S. 267) als Neuerung ein. Schließlich lesen wir in der Titelerzählung „Mal was andres" (S. 153):

> Es begann damit, daß der Vater [...] die Gabel in den Mund steckte und sie mit den Zähnen festhielt. Dann nahm er eines der geschliffenen Gläser und stellte es vorsichtig auf den Gabelgriff. Die Gabel schwankte ein wenig, doch das Glas blieb stehen. [...] Der nahm jetzt ein zweites Glas und versuchte, es auf das erste zu setzen. Fast wäre es ihm gelungen, aber eben nur fast, und so stürzten beide Gläser auf den Tisch und zersprangen.

Ein Reflex darauf findet sich bei Schmidt wiederum in „Kühe in Halbtrauer": „Der Altbauer [...] nahm einen Messerstiel in den, noch leidlich festen, Mund; stellte 1 Schnapsgläschen auf die Klinge: – ! –: – und balancierte es so quer durch die Gaststube" (BA I/3, S. 343 f.).

Möglicherweise gibt es noch einen weiteren, freilich indirekten Konnex des Kusenberg-Bandes mit Arno Schmidt. In der Rubrik „Zu diesem Buch" heißt es über Kusenberg: „Von Stil und Gemüt her haben seine Geschichten die knappe, dichte Prägung Johann Peter Hebels und stehen damit sehr im Gegensatz zu der heute bedrohlich um sich greifenden sprachlichen Unkultur." (S. 2) Wolfgang Weyrauch, zeitweilig Kusenbergs Lektorenkollege im Rowohlt-Verlag, benutzt ebenfalls Johann Peter Hebel als Orientierungsmarke, als er in 1958 seinem

---

[81] Hinweis von Günter Jürgensmeier, „Spuren der ‚Assoziationsverwilderung'",Email an die Arno-Schmidt-Mailingliste, 19.3.04.

Funkessay „Das literarische Porträt: Arno Schmidt" formuliert:

> Inmitten der sonstigen kosmetischen Prosa, die uns umgibt, und der sich, neben ARNO SCHMIDT, nur ALFRED ANDERSCH, HEINRICH BÖLL, WOLFGANG KOEPPEN, ERNST KREUDER, WOLFDIETRICH SCHNURRE und MARTIN WALSER verschließen, ist die Radikalität des enfant terrible A. SCHM., wie man ihn leichtsinnig und schief genannt hat, unentbehrlich. [...] Wer heute [...] wie JOHANN PETER HEBEL schreibt, nimmt nicht an dem immerwährenden Aufstand der Dichter wider das Luziferische teil.[82]

rororo 116: Richard Katz: *Leid in der Stadt. Roman.* P/E: Juli 1954.
Dieser Roman über Presse-Intrigen und Sexualnöte in der Großstadt weist keine konkreten Bezüge zum Werk Arno Schmidts auf. In seiner Jugend hat Schmidt allerdings, wie er in *Abend mit Goldrand* erwähnt, ein früheres Buch des Verfassers gelesen und offenbar genossen, nämlich „Des schnodd'rijen RICHARD KATZ ›Ein Bummel um die Welt‹" (BA IV/3, S. 237). Schmidts Formulierung in der 1959 geschriebenen James-Jones-Rezension „Von deutscher Art und Kunst", die weibliche Hauptfigur Gwen French „epidiaskopiert ihr Leid in die Nachtstadt hinaus" (BA III/4, S. 12), könnte eventuell als Anspielung auf den Titel des Katz-Romans intendiert sein.

---

[82] Wolfgang Weyrauch, „Das literarische Porträt: Arno Schmidt", in Hans-Michael Bock und Thomas Schreiber (Hg.), *Über Arno Schmidt II. Gesamtdarstellungen* (Zürich: Haffmans 1987), S. 38-41, hier S. 41 (Radio-Essay, gesendet 5.8.58).

rororo 119: Günther Weisenborn: *Das Mädchen von Fanö. Roman*. P/E: August 1954.

Auf den Titel des Buches spielt Schmidt in der *Schule der Atheisten* an (BA IV/2, S. 215: „Das Mädchin Von Fanoe“), doch ist dies keineswegs ein Beleg, daß er den 1935 erstveröffentlichten Roman gelesen hat; möglicherweise ist ihm der Titel auch von der gleichnamigen Verfilmung (1940) her geläufig.[83]

rororo 123-124: John Galsworthy: *Die Forsyte Saga. Roman*. P/E: September 1954.

Über den Eingang dieses Buches frohlockt Alice Schmidt in ihrem Tagebuch unter dem 20. September 1954: „2 RoRoRo, darunter die ganze Forsyte-Saga als dicken Band. Gut, die behalten wir wieder“[84]; die Komplettausgabe macht den 1951 als rororo 45 erschienenen Band *Das Schicksal der Irene Forsyte* überflüssig, weswegen in der Schmidtschen Nachlaßbibliothek nur noch der Komplettband vorhanden ist (BVZ 530.1).

Obwohl die *Forsyte Saga* vornehmlich eine Lektüre Alice Schmidts ist und ihr Mann Galsworthy recht abschätzig beurteilt, finden sich in seinem Werk doch einige Hinweise darauf, daß er mit dem Text auch selbst vertraut war. In seinen Schnabel-Essays „Herrn Schnabels Spur“ und „Wunderliche Fata einiger Seefahrer“ erwähnt er die Stammbäume, die Forsyte (freilich keineswegs als erster Autor) seinem personalreichen Werk beigegeben hat (BA II/1, S. 431; BA III/4, S. 19); in der Rezension „Das=Land=aus=dem=man= flüchtet“ lobt er die überschaubare Figurenzahl in Alfred Anderschs *Sansibar*-Roman, die im

---

[83] Vgl. Friedhelm Rathjen, *Arno Schmidt auf Fanø. Der Schulausflug der Atheisten* (Scheeßel: Edition ReJoyce 2005), S. 44-47.

[84] Alice Schmidt, *Tagebuch aus dem Jahr 1954*, a.a.O., S. 207 (20.9.54).

Gegensatz zu Galsworthys Verfahren stehe: „Der Personenapparat entsprechend auf 6 reduziert: wer mehr braucht, ist ein Schwätzer; er heiße Tolstoi oder Galsworthy; die freilich beginnen dann auf den letzten 200 Blättern ihre sämtlichen Gestalten zu ‹versorgen› – d.h. umzubringen, bzw. zu verheiraten –: aber auf 200 Seiten kann man mehr tun!“ (BA III/3, S. 386) Die sowohl in *Das steinerne Herz* als auch in *Kaff* auftauchende Formel „Mir sagt Keiner was“ (BA I/2, S. 13; I/3, S. 104) stammt aus der *Forsyte Saga*, wo sie den Autoritätsanspruch des alten James Forsyte charakterisiert[85]; allerdings verwendet Schmidt diese Formel bereits 1942 in „Der Garten des Herrn von Rosenroth“ (BA I/4, S. 489), was den Schluß erlaubt, daß Arno und Alice Schmidt schon vor 1945 mit dem Werk Galsworthys vertraut gewesen sind.

rororo 126: B. Traven: *Das Totenschiff. Die Geschichte eines amerikanischen Seemanns*. P/E: Oktober 1954.
Eine Textkenntnis Schmidts ist nicht nachweisbar, doch zumindest ist ihm der Rummel, der um das wohlgehütete Pseudonym des Autors gemacht wird, nicht verborgen geblieben, wie eine Passage in dem 1955 entstandenen Essay „Der große Unbekannte“ zeigt: „Solange Walter Scott ein Dutzend Jahre hindurch der vorbildlich getarnte »Große Unbekannte« blieb, schrieb er besser, »freier«, als nach der Enthüllung, wo er sogleich tausend Rücksichten zu nehmen hatte. Deshalb hat heute Traven sicher ganz recht, wenn er Niemandem erlaubt, die Decke zu lüften!“ (BA III/3, S. 201)

[85] Hinweis von Werner Stumpff bei Josef Huerkamp, „Im bunten Sargassofilz“, a.a.O., S. 7.

rororo 128: Hans Henny Jahnn: *13 nicht geheure Geschichten*. P/E: November 1954.

Der Erhalt dieses Bandes wird von Alice Schmidt in ihrem Tagebuch unter dem 15. November 1954 freudig vermerkt, wenn auch nicht aus inhaltlichen, sondern aus recht äußerlichen Gründen: „siehe da in diesem Band kommt hinter d. Anpreisung dessen Schriften: 1 Seite Jens, 1 Seite Dieter Meichsner und 1 Seite Arno Schmidt [...] – Good! –“[86] Vielleicht der Arno-Schmidt-Anzeige im Anhang wegen (mit der für die drei Bände *Leviathan*, *Brand's Haide* und *Aus dem Leben eines Fauns* geworben wird) ist dieser Band noch in Schmidts Nachlaßbibliothek vorhanden (BVZ 395.1). In Arno Schmidts Werk und seinen Briefen gibt es etliche Bezüge zu und Nennungen von Jahnn-Titeln, unter denen dieser Band allerdings nicht vorkommt.

rororo 129-130: Ina Seidel: *Das Wunschkind*. P/E: November 1954.

Zusammen mit dem Eingang des Jahnn-Bandes wird auch der Erhalt dieses Bandes von Alice Schmidt in ihrem Tagebuch unter Nennung von Autorin und Titel erwähnt.[87] Ein Fräulein Seidel tritt als weibliche Hauptfigur in Schmidts Erzählung „Kundisches Geschirr“ auf, wobei sich allerdings am Ende herausstellt, daß die korrekte Schreibung ihres Namens „SEYDEL“ (BA I/3, S. 397) lautet.

---

86 Alice Schmidt, *Tagebuch aus dem Jahr 1954*, a.a.O., S. 240 (15.11.54).

87 Vgl. ebd.

rororo 131 Kurt Tucholsky: *Panter, Tiger & Co. Eine neue Auswahl aus seinen Schriften und Gedichten.* P/E: Dezember 1954.
Am 4. März 1955 ist dieses Buch, das in Alice Schmidts Nachlaßbibliothek erhalten ist, Vorleselektüre im Hause Schmidt.[88]

Dieser Sammelband enthält mehrere der Texte aus dem Band *Gruß nach vorn* (1946/47/48), zu denen sich Reflexe in Schmidts Werk nachweisen lassen („Start", hier unter dem vollen Titel „Starter, die Fahne –! Ab mit 5 PS"; „Gallettiana"; „Traktat über den Hund, sowie über Lerm und Geräusch"; „Otto Reutter"), und alle drei Texte aus *Und überhaupt...*, die Schmidt nachweislich gekannt hat („Die beiden Flaschen"; „Die Essayisten"; „All people on board!"). Als erster Auswahlband der Nachkriegszeit bringt *Panter, Tiger & Co.* außerdem den Text „Deutsch für Amerikaner" mit der schönen Sentenz „Autotreiber! Geh an! Ich ziehe das Christliche Hospiz vor!" (S. 142), die Arno Schmidt in *Das steinerne Herz* verwendet (BA I/2, S. 116: „Treiber: Geh an"[89]), sowie „Das Wirtshaus im Spessart", dem Schmidt die in *Zettel's Traum* eingegangene Wendung „der Wein ist gut!" (S. 70) entnimmt (ZT 20 ro: „der Wein ist gut!"). Die Prüfung aller nach dem Krieg erschienenen Tucholsky-Auswahlbände und der dazu ermittelbaren Spuren bei Schmidt legt den Schluß nahe, daß Schmidt von diesen Bänden vermutlich nur *Gruß nach vorn* und *Panter, Tiger & Co.* gelesen hat.

---

[88] Vgl. Alice Schmidt, *Tagebuch aus dem Jahr 1955*, a.a.O., S. 70 (4.3.55).

[89] Nachweis als Tucholsky-Zitat zuerst von Werner Stumpff und Jürgen Heumann bei Josef Huerkamp, „Im bunten Sargassofilz", a.a.O., S. 26.

1955

George Grosz: *Ein kleines Ja und ein großes Nein. Sein Leben von ihm selbst erzählt.* Mit siebzehn Tafel- und fünfundvierzig Textabbildungen. P: 1955. E: unbekannt.
Josef Huerkamp vermutet, eine Textstelle in diesem Buch (S. 34: „ich sah wieder, wie das Dunkle, braun-rosig Herzförmige zwischen ihren Schenkeln hervordrängte") habe Schmidt angeregt zu einer Formulierung in *Das steinerne Herz* (BA I/2, S. 60: „noch braun=rosig mit ihren Anfang 50").[90] Daß Schmidt das Buch von Grosz in der Tat rezipiert hat, belegt eine andere Stelle darin, an der Grosz über Karl May ausführt: „Etwas Kühles, leicht Frierendes war auch um ihn, gewissermaßen als stünde er immer im Winde und fröre" (S. 81); Schmidt zitiert diesen Passus in „Sächsischer Janus" (BA III/4, S. 185: „»als stünde er immer im Winde & fröre«, G.GROSZ, 1910").

Henry Miller: *Plexus. Roman.* P/E: August 1955.
Alice Schmidt vermerkt am 22. August 1955 in ihrem Tagebuch den Eingang dieses Buches als Freiexemplar; Schmidt ist über die Zusendung verwundert[91]: „Warum schickt mir das Rowohlt. Seit Jahren hat er mir keine Neuerscheinungen mehr geschickt."[92] *Plexus* ist der erste

---

[90] Vgl. Josef Huerkamp, *„Die Große Kartei". Enzyklopädie zu Arno Schmidts Roman „Das steinerne Herz"* (München: edition text + kritik 2011), S. 357.

[91] Vgl. Bernd Rauschenbach, „„Eine Art pornografisches Lachkabinett"", in Susanne Fischer, Jörg W. Gronius, Petra Lutz, Bernd Rauschenbach und Jan Philipp Reemtsma, *Arno Schmidt? – Allerdings!*, marbacherkatalog 59 (Marbach am Neckar: Deutsche Schillergesellschaft 2006), S. 111-128, hier S. 123-125.

[92] Vgl. Alice Schmidt, *Tagebuch aus dem Jahr 1955*, a.a.O., S. 70 (4.3.55). – Mit „Neuerscheinungen" sind offenbar Bücher aus dem

Roman Millers, der bei Rowohlt ohne Kaufbeschränkung erscheint; zuvor sind die Romane *Wendekreis des Krebses* und *Wendekreis des Steinbocks* (beide 1953) sowie der Erzählungsband *Schwarzer Frühling* (1954) jeweils in einer „einmaligen, beschränkten und numerierten Auflage von 1500 Exemplaren" gedruckt und auf Subskription verkauft worden. Auf diese „beschränkten" Ausgaben bezieht sich Alfred Andersch, als er am 21. Juli 1955 in einem Brief an Ernst Krawehl überlegt, ob man nicht bei der Publikation von Schmidts Roman *Das steinerne Herz* tunlichst „das Verfahren der Subskriptions-Ausgabe anwendet, das Rowohlt bei Henry Miller mit so großem Erfolg durchexerziert hat"[93]; ob diese Idee, die anschließend von Krawehl und Schmidt noch länger diskutiert und schließlich verworfen wird, ursprünglich von Andersch oder von Schmidt stammt, läßt sich anhand der zugänglichen Korrespondenz nicht hinreichend klären.

In Schmidts späterem Werk finden sich (mit einem auffälligen Schwerpunkt in der zweiten Jahreshälfte 1963) gelegentlich Verweise auf Henry Miller, die zumindest auf eine partielle Bekanntschaft mit dessen Werk hindeuten, so in „Herrn Schnabels Spur" (BA II/1, S. 244: „Wendekreis des Steinbocks [...] und jetzt einmal *nicht* an Henry Miller denken ...."), „Goethe und Einer seiner Bewunderer" (BA I/2, S. 197: „*genau Henry Millers Theorie entsprechend,* ‹das Realitätsgefühl durch Obszönitäten erhöhen›"), „‹Sind wir noch ein Volk der Dichter & Denker?›" (BA III/4, S. 314: „handelt es sich doch bei Miller wie bei Jahnn mit nichten um die möglichst pikante Abschilderung von Ereignissen zwischen Kehlkopf & Knie-

---

Rowohlt-Hauptprogramm gemeint; rororo-Taschenbücher erhält Schmidt mindestens bis August 1955.

93 Schmidt, *Der Briefwechsel an Alfred Andersch*, a.a.O., S. 63 f. (Anmerkung zu Nr. 62 v. 21.7.55).

scheibe, auf daß der Filister sich kurzatmig=lippenleckend aufgeile; sondern weit eher um das gewaltig ehrliche Prosa=Steak ‹Eines, der sich auszog, das Gruseln zu lernen›“), „..... und dann die Herren Leutnants!“ (BA II/3, S. 155: „bescheidener Vorschlag: einmal=eine [*Witiko*-Ausgabe] zu veranstalten, wo immer 1 Seite STIFTER und 1 HENRY MILLER abwechselnd aufeinander folgten .....“), „Unsterblichkeit für Amateure“ (BA III/4, S. 325: „Nun habe ich nichts gegen HENRY MILLER (obschon ich ihn auch nicht überschätze)“) und *Zettel's Traum* (ZT 391 mu: „MILLER?: das ist nur 1 [...] Stufe der beliebtn 'Ernüchterung da=nach'“, ZT 392 mo, ZT 426 mo, ZT 1088 mu: „:'mon trésor' röchlt eine Hure bei MILLER“).

rororo 136: Hans Fallada: *Damals bei uns daheim.* P/E: Januar 1955.

Dieses Buch, das in Alice Schmidts Nachlaßbibliothek erhalten ist, ist Ende Januar 1955 mehrere Abende lang Vorleselektüre im Hause Schmidt.[94]

An einer Textstelle ist die Rede vom Familienschmuck, der „dann im Weltkrieg den Weg ‚Gold gab ich für Eisen‘ gegangen“ sei (S. 11); darauf bezieht sich Schmidt offenbar in *Das steinerne Herz* mit dem Hinweis, Friedas Vorfahren seien „auf keinen der vielen Gold=gab=ich=für=Eisen=Rummel reingefallen“ (BA I/2, S. 139).[95] Eine von Fallada verwendete Umschreibung für zu erwartendes Erstaunen (S. 231: „Der wird noch Knopflöcher machen!“) gebraucht auch Schmidt mehrmals, so in der *Gelehrtenrepublik* (BA I/2, S. 268: „der würde ooch ganz schöne Knopplöcher gemacht haben“), *Kaff* (BA I/3, S. 180: „Da

---

[94] Vgl. Alice Schmidt, *Tagebuch aus dem Jahr 1955*, a.a.O., S. 26 (24.1.55).

[95] Hinweis von Josef Huerkamp, dem ich für diese und manch andere Information danke.

würdn Manche vielleicht Knopplöcher machen!") und „Windmühlen" (BA I/3, S. 282: „Du wirst noch Knopplöcher machen").[96] Den Titel von Falladas Roman benutzt Schmidt später formelhaft zur Kennzeichnung seines eigenen Elternhauses, und zwar in „Caliban über Setebos" (BA I/3, S. 486: „was machen Eltern mit solchen herzigen Kleinen, die die Ärmchen um sie legen? Das war, ‹Damals bei Uns daheim›, des Hauses nicht der Brauch gewesen; contrarissimo: Vater A. Paul Düsterhenn & Mutter Moosedear hatten uns Kindern bei weit geringeren Ansprüchen an ihre Zeit & Finanzen ‹Fauzn› versprochen") und in der *Schule der Atheisten* (BA IV/2, S. 256: „Die Hälfde des Wortschatzes Meiner Eltern bestand aus, meist nur recht schwach camouflirtn, SexualUnweisthümern. Die ›Bibliothek‹ aus 25 ›zusammengelaufenen‹ (dh nicht=gekauftn) Büchern. Die KunstSchätze, DAMALS BEI UNS DAHEIM, aus 1 GipsFigur, ›Apoll‹, von so elendim Material, daß er um mehr als den 4. Teil eingeschrummft war, und wie Zwerg Nase aussah.")

rororo 138: Mauriac Francois: *Fleisch und Blut*. P/E: Februar 1955.
Abendliche Vorleselektüre Arno und Alice Schmidts Anfang März 1955.[97]

rororo 139: Hans Ruesch: *Rennfahrer. Roman*. P/E: Februar 1955.
Arno Schmidts vierte und letzte Übersetzung für Rowohlt; mit dem Erscheinen dieses Buches endet im eigentlichen Sinne seine Zusammenarbeit mit dem Verlag. Am 19. Februar 1955, also zeitgleich mit dem Erscheinen seiner Übersetzung, schreibt Schmidt den Aufsatz „Vorsicht:

---

[96] Auch hierauf hat mich Josef Huerkamp hingewiesen.
[97] Vgl. Alice Schmidt, *Tagebuch aus dem Jahr 1955*, a.a.O., S. 71 (7.3.55).

Gesamtausgabe!“, in dem er warnt: „legen Sie neben Hans Rüsch’s »Rennfahrer« die Vorkriegsausgabe: wie da die Gauleiter die Hände zum Deutschen Gruß heben, und der Reichsadler sieghaft kreischt!“ (BA III/3, S. 189)

Bernd Rauschenbach erinnert sich, bei einem seiner Besuche mit Schmidt über diese Übersetzung gesprochen zu haben. Schmidt habe sich sehr abfällig über das Buch geäußert und sich beschwert, es sei „außerdem so voll automobiler Fachausdrücke, daß er, als Nicht-Autofahrer, den Übersetzungsauftrag eigentlich hätte zurückweisen müssen. Wenn er sich recht erinnere, habe er sich auch Schnitzer geleistet wie ‚Die Zündkerzen warfen ihr fahles Licht auf die Fahrbahn.‘“[98] Es versteht sich wohl von selbst, daß der besagte Satz sich *nicht* in Schmidts Übersetzung finden läßt, wo zwar gelegentlich von Zündkerzen die Rede ist, dies aber immer in technisch mehr oder weniger korrekter Weise. Tatsächlich ist der von Schmidt im Gespräch mit Rauschenbach gebrauchte Beispielsatz ein Zitat aus Robert Neumanns Kasimir-Edschmid-Parodie „Snob um Gagaly“[99]; Schmidt zitiert ihn in „Goethe und Einer seiner Bewunderer“ (BA I/2, S. 200: „obwohl ich kein Autofahrer bin: ‹die Zündkerzen warfen ihr fahles Licht über die Fahrbahn›“).

rororo 143: Colette: *Gigi und andere Erzählungen.* P/E: April 1955.

Dieser Band der französischen Autorin mit dem vollen Namen Sidonie-Gabrielle Claudine Colette (von der im

---

[98] Bernd Rauschenbach, „Re: Zündkerzen gezündet!“, Email an die Arno-Schmidt-Mailingliste, 19.1.06.

[99] Hinweis von Karl-Heinz Strozyna und Klaus Bailly. Vgl. Robert Neumann, „Snob um Gagaly. Nach Kasimir Edschmid“, in *Die Parodien. Mit fremden Federn – Unter falscher Flagge –Theatralisches Panoptikum – Zur Ästhetik der Parodie. Gesamtausgabe* (Wien / München / Basel: Desch 1962), S. 249 f., hier S. 250.

August 1954 als rororo 120 bereits der Roman *Die Fessel* erschienen ist) steht noch in Schmidts Nachlaßbibliothek (BVZ 619); Mitte Juni 1955 ist es ungeliebte Vorleselektüre der Schmidts[100].

Schmidt bezieht sich in seinem Werk mehrmals auf dieses Buch. In *Nichts ist mir zu klein* (geschrieben im Juli 1955, also kurz nach Erscheinen des Taschenbuchs) lobt er Brockes' *Irdisches Vergnügen in Gott* mit den Worten: „die gerühmte »Flora und Pomona« der Colette wirkt ärmlich gegen solch präzise Überfülle von zehntausend Seiten: wir haben ja *alles* in Deutschland" (BA II/1, S. 137; „Flora und Pomona" ist der Titel der Schlußerzählung im *Gigi*-Band); im Brontë-Funkessay „Angria & Gondal" später dann schreibt er (BA II/2, S. 412):

> was im Allgemeinen so an kindlichen Gedankenspielen serviert wird, ist ja entscheidend verfälscht durch mühsam=spätere Reflexion – vielleicht sind Frauen hier zur Wiedergabe geeigneter; ich denke an manche Passagen des Nils Holgersson oder der Colette. Ich allerdings halte diese Klasse der Gedankenspieler für, im allgemeinen, literarisch *nicht* erfaßbar .....

rororo 144: Charles Morgan: *Das Bildnis*. P/E: April 1955.

Dieser Roman ist Mitte Juni 1955 Vorleselektüre der Schmidts.[101]

[100] Vgl. Alice Schmidt, *Tagebuch aus dem Jahr 1955*, a.a.O., S. 151 f. (15.-17.6.55).

[101] Vgl. ebd., S. 149 f. (12.-14.6.55).

rororo 147: Arthur Miller: *Brennpunkt*. P/E: Mai 1955.
Der erste Roman des amerikanischen Dramatikers wird von Arno und Alice Schmidt Mitte Juli als Vorleselektüre benutzt.[102]

rororo 148: Frank Thiess: *Der Weg zu Isabelle*. P/E: Mai 1955.
Vorleselektüre der Schmidts ab 6. Juli 1955[103]; Alice Schmidts abschließendes Urteil lautet: „Also so'n Mist! Die Verdammten hab ich noch in guter Erinnerung, die hatten mir gut gefallen. Aber das – –“[104].

rororo 149: Graham Greene: *Das Ende einer Affäre*. P/E: Juni 1955.
Der Roman dient im Juni und Juli 1955 als Schmidtsche Vorleselektüre.[105] Ein früherer Greene-Band, *Ein Sohn Englands*, erschienen 1953 als rororo 75, hat sich in Alice Schmidts Nachlaßbibliothek erhalten.

rororo 150: Friedrich Dürrenmatt: *Der Richter und sein Henker. Roman*. P/E: Juni 1955.
In „Die 10 Kammern des Blaubart“ läßt Schmidt eine gewisse Kenntnis dieses Buches erkennen: „Die, selbstverständlich unausgesprochene ‹Moral der Geschichte› wäre vermutlich nicht einmal die, daß ‹Eppel› endlich doch für seine Morde bestraft wird, (beziehungsweise, à la Dürrenmatt, für einen Mord, den er gar nicht beging)“ (BA III/4, S. 111).

---

[102] Vgl. ebd., S. 178-182 (13.-18.7.55).
[103] Vgl. ebd., S. 172 (6.7.55).
[104] Vgl. ebd., S. 177 (12.7.55).
[105] Vgl. ebd., S. 168-170 (29.6.-3.7.55).

rororo 153-154: Marjorie Kinnan Rawlings: *Frühling des Lebens. Roman.* P/E: Juli 1955.

Taschenbuchnachdruck des Romans, der bereits 1948 als Rotationsdruck erschienen ist und dessen Autorin Schmidt offensichtlich zum Namen der Missionarin „Marjorie Kennan" (BA IV/2, S. 9 u.ö.) in der *Schule der Atheisten* anregt. Ihr Exemplar dieser Ausgabe verschenken die Schmidts im August 1955 an einen Jungen aus der Nachbarschaft.[106]

rororo 165-166: John Galsworthy: *Moderne Komödie. Roman.* P: November 1955. E: unbekannt.

Diese Ausgabe der Fortsetzung der *Forsyte Saga* ist in Arno Schmidts Nachlaßbibliothek vorhanden (BVZ 530.2); ob Schmidt zum Veröffentlichungszeitpunkt Ende 1955, als der Bruch mit Rowohlt endgültig vollzogen war, noch Freiexemplare vom Verlag bekam, ist mit den zugänglichen Materialien nicht zu klären – vielleicht hat er (oder seine Frau) sich den Band auch gekauft. (Die letzte von Alice Schmidt im Tagebuch vermerkte Rowohlt-Gratiszusendung sind am 17. August 1955 „3 RoRoRo."[107])

Der Schlußteil des Romans, *Schwanengesang*, heißt im englischen Original *Swan Song*; Josef Huerkamp vermutet, dies könne die Quelle für Schmidts gelegentliche Verwendung des Begriffs sein – in Briefen an seinen neuen Verleger Ernst Krawehl bezeichnet Schmidt ab 1955 zuerst *Das steinerne Herz* und später dann auch die *Gelehrtenrepublik* als seinen „Swan Song".[108]

---

[106] Ebd., S. 196 (6.8.55).

[107] Ebd., S. 203 (17.8.55). – Im August 1955 erschienen in der rororo-Reihe die Bände 155 (Ulrich Becher, *Die ganze Nacht*), 156 (Joseph Hergesheimer, *Das Pariser Abendkleid*) und 157 (Colette, *Erwachende Herzen*).

[108] Vgl. Huerkamp, *Satyrsprünge*, a.a.O., S. 176 mit Anm. 102.